# 家庭教育心理学

刘海娟　著

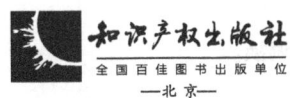

知识产权出版社
全国百佳图书出版单位
—北京—

**图书在版编目（CIP）数据**

家庭教育心理学/刘海娟著. —北京：知识产权出版社，2020.9（2025. 4 重印）
ISBN 978 - 7 - 5130 - 7102 - 4

Ⅰ.①家… Ⅱ.①刘… Ⅲ.①家庭教育—教育心理学 Ⅳ.①G78

中国版本图书馆 CIP 数据核字（2020）第 145559 号

| | |
|---|---|
| 责任编辑：常玉轩 | 责任校对：谷　洋 |
| 封面设计：陶建胜 | 责任印制：刘译文 |

**家庭教育心理学**

刘海娟　著

| | |
|---|---|
| 出版发行：**知识产权出版社**有限责任公司 | 网　址：http：//www. ipph. cn |
| 社　址：北京市海淀区气象路 50 号院 | 邮　编：100081 |
| 责编电话：010 - 82000860 转 8572 | 责编邮箱：changyuxuan08@ 163. com |
| 发行电话：010 - 82000860 转 8101/8102 | 发行传真：010 - 82000893/82005070/82000270 |
| 印　刷：北京建宏印刷有限公司 | 经　销：各大网上书店、新华书店及相关专业书店 |
| 开　本：720mm×1000mm　1/16 | 印　张：12. 75 |
| 版　次：2020 年 9 月第 1 版 | 印　次：2025 年 4 月第 2 次印刷 |
| 字　数：212 千字 | 定　价：56. 00 元 |
| ISBN 978 - 7 - 5130 - 7102 - 4 | |

# 序

　　海娟是我的2000级研究生，在2003年毕业时，海娟选择了到高校从事心理健康教育工作，做一名心理健康教师，当时我国高校的心理健康教育还处于起步阶段。经过17年的点滴积累，海娟从一名心理健康教育工作的新人，成长为一名中国心理学会注册系统的注册督导师，成为一名资深的心理健康教育工作者。

　　健康，不仅包括生理健康，也包括心理健康。拥有健康的人格，不仅可以让人保持良好的状态，更能够让人在面对压力时，积极地、具有建设性地面对和应对，将压力转化为成长的动力，避免危机事件发生。家庭对于一个人的人格发展具有重要的影响。家庭为一个人提供基因基础，也为其提供了成长环境。在家庭环境中，父母的人格特点和对待孩子的方式，让孩子在亲子互动中逐步形成了相应的依恋方式，学会了应对外在事件。依恋风格一经形成，将在孩子走出家庭后决定其与人互动的模式。孩子被家庭所塑造，因此其与父母、家庭成员所形成的互动模式具有一定的适应性，能够适应家庭环境，但是当孩子进入社会后，会面临更为复杂的人际关系和更多的现实问题，如果在家庭中所形成的模式适应性不良，甚至具有明显的缺陷，那么孩子在社会中就会适应不良甚至适应困难，表现为不同程度的心理问题甚至心理障碍。家庭是孩子成长过程中的温暖港湾，是孩子的安全基地，是孩子健康成长的源泉！

　　那么，家庭是如何具体影响一个人的呢？作为父母，如何能够对孩子做好家庭教育呢？本书从一个发展的视角，紧跟心理学理论的前沿，逐步展现了家庭教育对人的影响。本书在经典心理学理论的基础上，引入了进化心理学和神经生理学等方面的研究，将客体关系理论、心智化、主体间性等理论纳入相应章节，重点回答了四个问题：心理学是怎样理解人的？原生家庭对人的影响是怎样的？核心家庭中关系是怎样的？如何在核心家庭中开展家庭教育？从这四个方面入手，将依恋、防御机制、人格发展水平、家庭生命周期、家庭代际传递、分离个体化等内容有机融入各个部分，从种族、家族、原生家庭到核心家庭等不同角度，呈现家庭对一个人的成长所带来的影响。因此，本书可以作为大中专院校有关专业的教材使用，也可以作为个人的自学手册，促进自我了解和成长。

伴随经济社会的发展，我国的心理健康教育工作取得了迅速发展，越来越受到国家的高度重视，特别是今年的新冠肺炎疫情，更让人体会到了心理健康教育工作的重要作用。在未来的发展中，如何实现心理学本土化，解释中国的面子、人情、孝道、自我观、家族主义等问题，为未来中国的家庭教育提供更多的心理学指导越来越值得关注！

海娟在研究生就读期间就对心理健康教育工作具有强烈的兴趣。我记得，当时天津师范大学心理咨询中心的一位女老师负责八里台和六里台两个校区的心理咨询室。海娟所学习和生活的校区是八里台校区，她在课余时间帮助心理咨询中心的老师做接待和预约工作，持续了一个学年。海娟在毕业后进入高校心理中心工作，是一个经过实践尝试后的选择，是一种跟随内心的选择！苔花如米小，也学牡丹开。做一名临床的心理学工作者，海娟也走在自我成长的道路上，期待她在心理健康教育的道路上不忘初心，继续努力，百尺竿头，更进一步！

白学军

2020 年 8 月

# 目 录

# 第一章

# 心理学理论

心理学是研究心理现象和心理规律的一门科学，它既是理论学科，又是应用学科，具有描述、解释、预测和控制的功能。心理学的理论很多，目前主要分为精神分析理论、行为主义理论、人本主义理论和认知心理学理论四大心理学流派，每个心理学流派都提供了一个理解人的视角。为了更好地理解家庭教育以及开展家庭教育工作，在这里简要介绍部分与家庭教育主题相关的心理学理论知识。

## 一、精神分析理论

精神分析理论是由西格蒙德·弗洛伊德创立的，用来解释人的心理发展的动力，以及个体早年的成长经历对人的影响。该理论认为，人的发展动力是人的潜意识动力，潜意识推动人去行动。人的成长过程中，都会经历一系列连续的发展阶段，每个阶段都存在生物学驱力与社会期望之间的冲突，而解决这些冲突的方式是形成与环境相适应的、个体应对压力的反应模式，并形成个人的人格特质。精神分析理论家强调个体早期经验对人的影响，其主要代表人物有弗洛伊德、埃里克森等。

### （一）弗洛伊德

西格蒙德·弗洛伊德是奥地利人，精神分析学派创始人。他经过自己的学习和实践，在 1895 年正式提出精神分析概念，1899 年出版的《梦的解析》标志着精神分析心理学的正式形成。弗洛伊德开创了潜意识研究的新领域，让人们认识到潜意识在人的发展中的决定性作用。弗洛伊德的精神分析理论主要包括意识层次结构理论、人格结构理论、心理发展阶段理论。

1. 意识层次结构理论

每个人都是有意识的。弗洛伊德的意识层次结构理论阐述了人的精神活动，包括欲望、冲动、思维等内容，会在不同的意识层次里发生和进行。弗洛伊德把人的意识层次分为三层，分别为意识、前意识和潜意识。如果把人的意识整体比喻为一座海洋中的冰山，那么露出水面的部分为意识，潜意识为完全在水中的最下部分，前意识是和水面相接但是在水下的部分。冰山的走向，不是由露出水面的部分决定的，而是由在水下的冰山部分决定的，借以说明人的行为是由前意识和潜意识决定的。意识即被人随意想到和清楚觉察到的主观经验；前意识虽不能即刻回想起来，但经过努力或者具有提取线索，也是能够进入意识领域的主观经验，而潜意识是各种原始的冲动和本能、遗传本能以及个人不能记起的童年时期的经验甚至创伤性经验等。

2. 人格结构理论

弗洛伊德认为，人格由本我、自我和超我构成。本我是人的自私的部分，一出生就有，与满足人的欲望有关。本我完全处于潜意识之中，是人的生物本能，它遵循"快乐原则"，即本我只与直接满足个体需求的东西有关，不受物理的和社会的约束。在婴儿期，婴儿在本我的满足过程中，会被现实挫败，在挫败后，婴儿会通过幻想来暂时满足自己的需要。

自我是在儿童与环境的相互作用中，在生命的前两年逐步发展出来的。自我的主要工作就是满足本我的冲动，遵循现实原则，对于那些不能被社会所接受的冲动，将其控制到无意识当中。自我的活动范围很广，在意识、前意识和潜意识之中都可以自由活动。

超我是在儿童5岁左右的时候开始形成的，代表社会和家庭的价值观念。超我是人格中的最高层次和理想部分，是道德化了的自我，是人格中最后形成的部分。超我遵循的道德原则，代表一个人道德感、规则感，超我会对违反道德准则的行为进行惩罚，为自我提供榜样。超我过于弱小，就会导致本我过于强大，会让人更多地谋求自我满足；超我过于强大，设置过高的完美标准，使自我的负担过重，让人不断体验到强烈的道德焦虑，产生内疚感、罪恶感或者羞愧感。

本我不顾现实，只要求满足欲望，寻求快乐；超我按照道德准则对人的欲望和行为多加限制，而自我则活动于本我和超我之间，力求满足本我的欲望和超我的道德要求。三者之间互相补充、互相对立，甚至互相斗争。通常，一个发展健康的人都拥有强大的自我，不会允许本我或者超我过分掌管人格。

3. 心理发展阶段理论

弗洛伊德认为，一个人的人格是在其生命的最初五六年里形成的，并据此提出了心理发展阶段理论。在该理论中，他把人的心理发展阶段分为口欲期、肛欲期、性器期、潜伏期和生殖器期。各阶段的顺序是固定的，每一阶段都有各自的特点和问题。如果儿童在某个阶段不能顺利发展，那么就会固着在这个阶段，发育停滞在这个阶段，延迟甚至倒退，也可能产生病理现象。如果在各个阶段都能够顺利发展，儿童就能够发展出健康的人格。

（1）口欲期（0~1岁）。

在此阶段的婴儿，其心理能量主要投注在口部。这一时期的婴儿如果没有被满足，例如没有被很好地喂养或者照顾，那么其心理能量就会固着在此阶段，形成口欲期的人格特征。口欲期的人格特征多为依赖他人；由于固着，在儿童期可能会有吸吮拇指、咬指甲、啃铅笔的习惯，成年后表现出嗜酒、嗜烟等特征。

（2）肛欲期（1~3岁）。

在这个阶段，儿童的心理能量聚集区主要为肛门。排便以及控制排便成为一个主要的议题。在这项任务上，大小便训练成为亲子间的主要问题。如果在此阶段，父母过于控制、过于要求整洁，孩子就会形成与冲动控制有关的问题，在人格特征中会过分地爱整洁、固执或者过分慷慨，换句话说，孩子或者趋向极端整齐和有序，或者趋向极端污秽和混乱。

（3）性器期（3~6岁）。

在这一时期，生殖器区成为心理能量的投注区域。在这一阶段的后期，儿童将经历俄狄浦斯情节，将对异性父母产生性兴趣，表现为出现恋父情结或恋母情结。通常，男孩因害怕父亲而产生阉割焦虑，女孩会对父亲产生阴茎嫉妒，为了缓解自己的焦虑，儿童会放弃自己的渴望，认同同性父母，以同性父母自居。俄狄浦斯情节的顺利解决，儿童通过以同性父母自居，完成了自己的性别角色认同，超我得以形成。

（4）潜伏期（6~12岁）。

在该阶段，儿童的性本能表现得不是很明显，是一个相对平稳的时期，儿童对异性都表现出不感兴趣，多与同性伙伴互动。但是，这是一个逐步发展的量变阶段，为生殖器期质变发展做积累。

（5）生殖器期（12岁~成年）。

潜伏期后，伴随进入生殖器期，儿童的性欲重新增强。如果前期各阶段的发展是顺利的，就会引导个体走向性成熟、进入婚姻，这一阶段一直持续到成年。

弗洛伊德认为，如果儿童在特定发展阶段的需要没有得到满足，或者被过度满足，就可能会发生固着，导致在这一阶段的冲突不能有效解决，就会相应表现出某一阶段的行为方式。比如，口欲期的固着可能会导致成年期出现嗜烟酒或者喜欢挖苦人，肛欲期固着会表现出过分整洁、控制等行为特点。

### （二）埃里克森

埃里克·埃里克森是美国精神病学家，著名的发展心理学家和精神分析学家。他提出了社会心理发展理论，把心理的发展划分为八个阶段，指出每一阶段的特殊社会心理任务；并认为每一阶段都有一个特殊矛盾，矛盾的顺利解决是人格健康发展的前提。埃里克森的理论不限于父母对人的发展具有重要影响，而是已经走出家庭，强调社会对人的影响，如同伴、老师、学校以及更广泛的文化对人都会产生重要的影响；强调理性自我及其适应能力，认为人都是有积极主动性的，能够通过学习来克服、修正早年经验的影响。

1. 第一阶段：0~1岁

这是获得基本信任感而克服基本不信任感的阶段。在本阶段，婴儿如果得到照顾者的积极关注和及时照顾，就会获得一种信任感，即认为世界是美好的；如果婴儿需要等很长时间才能获得所需的照顾，或者受到苛刻的对待甚至虐待，就会产生不信任感，对周围世界产生怀疑。该阶段主要的照顾者对婴儿具有重要影响。

2. 第二阶段：1~3岁

这是获得自主感而避免怀疑感与羞耻感的阶段。在本阶段，儿童已经开始能够独立行走，主动探索外在世界的范围扩大，能够学习和利用新的心理技能和活动技能，想为自己做选择和决定。在这个阶段，如果父母允许合理的自由选择，尊重孩子，不强迫或者不去羞辱孩子，那么儿童的自主性就能够培养起来；反之，儿童就会对自己的决定产生怀疑甚至羞耻感，感觉自己不够好。该阶段父母对婴儿具有重要影响。

3. 第三阶段：3~6岁

这是获得主动感而克服内疚感的阶段。在本阶段，儿童已经走出家庭，进入幼儿园阶段的生活，开始了对外在世界的探索，因此父母是儿童的重要社会支持。本阶段，通过建立信任的游戏，儿童探索他们自己可能成为什么类型的人。如果父母对孩子新的目的感给予支持，那么儿童的主动感就会得到发展，感觉到对未来的期待和责任感。如果父母要求的自我控制太多，就可能会引发儿童过度的内疚，认为自己做得不够好，产生内疚感。该阶段家庭对孩子具有重要影响。

4. 第四阶段：6~12岁

这是获得勤奋感而避免自卑感的阶段。在本阶段，孩子已经进入学校，在正规的教育体系下开展社会化历程。在学校里，儿童会发展与他人沟通、合作甚至竞争的能力，如果在家、在学校或与同伴一起时，更多体验到的是积极的情感体验，就能够增强儿童的勤奋感，让儿童能够保持努力的方向；如果体验到消极的经验，他们就会觉得自己无能，从而产生自卑感，认为自己不好，自我评价降低。该阶段老师和同伴对孩子具有重要影响，儿童在社会比较中逐步在寻找自己的位置。

5. 第五阶段：12~20岁

这一阶段的核心问题是获得自我认同，避免角色混乱。在本阶段，青少年已经进入青春期，生理趋于成熟，在心理成熟方面正在试图回答"我是谁""我在社会中的位置是怎样的"这样的问题，他们通过探索自己的成长经历、现在的状态以及未来取向，逐步形成稳定的自我概念、价值观和世界观，进而形成个人的自我认同，自我同一性达成。如果在本阶段不能形成健康积极的结果，就会使他们对未来的成人角色的认识含混不清。该阶段同伴团体对青少年具有重要影响。

6. 第六阶段：20~40岁

这是获得亲密感，避免孤独感的阶段。在本阶段，青少年进入青年期，要去建设自己人生中的重要关系如友谊和亲密关系。这一阶段的主要任务是建立深厚的友谊，从另一个人那里获得爱和陪伴感或共享的自我认同，获得亲密感；如果不能与人建立关系，就会产生孤独感。该阶段爱人、配偶和亲密朋友对青年人具有重要影响。

7. 第七阶段：40~65岁

这个阶段的核心问题是繁衍，避免停滞。在此阶段的成人要面对的任务是在自己的工作中做出成绩、支撑家庭和关照年轻人的需要，这些任务的相关标准是由成人所在的文化决定的。那些无法或者不愿意承担这些责任的人就会变得停滞和自私自利。该阶段配偶、孩子以及文化规范对成年人具有重要影响。

8. 第八阶段：65岁以后

这是获得完美感、避免失望感的阶段。老年人回首自己的生活，要么觉得他是有意义的、富有成果的、愉快的，要么基本上对未完成的诺言、未实现的目标充满失望。如何面对死亡是每个人都要面对的人生议题，个体的生活经验尤其是社会经验决定了生命最后阶段的结果。

埃里克森不同意弗洛伊德所说的人格在童年末期就已经基本形成的观点，认为发展贯穿于人的生命全过程。他强调儿童是积极而又好奇的探索者，在成长中努力适应自己的环境，具有一定的主动性，而不是被动地被生物冲动所控制。人们在发展的每一个阶段都会积极应对社会现实，以求实现对社会的良好适应。在埃里克森的八阶段理论中，每一阶段的发展任务完成得好，个体就会形成积极的品质，更进一步的发展就会开始；如果发展任务完成得不好，冲突就会持续下去，或者没有得到完美解决，自我就会受到损害，就会整合成一种消极的品质。

### （三）梅兰妮·克莱茵

梅兰妮·克莱茵是一名奥地利精神分析学家，儿童精神分析研究的先驱。她基于弗洛伊德的理论，提出了客体关系理论，主张人类行为的动力源自"客体的寻求"，也就是说人类关系的建立与发展，不是弗洛伊德所强调的"快乐的寻求"，而是要寻找客体，以谋求生存和发展。

"客体"这一概念，最初来源于弗洛伊德，指的是可以去满足某种需求（的东西）。客体关系理论中的客体指欲望或行动所指向的具体的人。克莱茵同意弗洛伊德所说的人有天生的驱力和本能，而特定的驱力则会指向特定的客体。克莱茵认为，从婴儿的早期起，儿童是同时在幻想和现实层面上与外在客体联结的。最初，与婴儿建立客体关系的是母亲的乳房，之后发展到母亲的脸和手。在婴儿的内在幻想中，他们将这些外在的客体通过内射和投射等心理机制带入了自己的精神结构，从而形成自己对外界的认知。

客体关系理论有一个基本假设：婴儿即使是刚出生时，就拥有一种幻想，这些幻想是潜意识本我本能的精神象征，不同于意识层面的幻想，克莱茵称为无意识幻想。克莱茵认为，初生婴儿具有潜意识的"好"和"坏"的形象，当婴儿吸着指头睡着了，他们在幻想着，在他们自己的内心里正拥有母亲的"好"乳房的形象；当婴儿因饥饿而哭闹踢腿时，他们会幻想着在抗议，在破坏"坏"乳房；但饥饿的婴儿也可借由幻觉到乳房的感觉与奶汁的味道来暂时控制他的饥饿。这些幻想与内在客体似乎非常生动与真实，因为婴儿在这个阶段是无法区分现实与他自己的幻想生命。随着婴儿的成熟发展，和乳房联结的潜意识幻想继续影响着婴儿的精神生活，但是新的潜意识幻想也会出现。

为了处理"好"和"坏"的这种二分的感觉，婴儿会将他们的经验组织成为心位——它是一种状态或者说是处理内在和外在客体的方式。克莱茵指出婴儿的客体关系发展包括两个基本的心位：偏执—分裂心位和抑郁心位。

偏执—分裂心位是在婴儿达到对象的一致性之前建立起来的，存在于从出生到3~4个月。在这个时期，婴儿同一种"部分对象"即母亲的乳房建立了关系。当时强烈的生的本能和攻击性冲动都投射到乳房上。由此，母亲的乳房就被分裂为"好"与"坏"两种对象：当它带来满足和愉快时，它就是"好"乳房，就能引发生的冲动；当它不能带来满足并令人失望时，它就变成"坏"乳房，成为死亡冲动的物质基础。在此阶段，"好"与"坏"的方面是分离的，婴儿还没有"人"的意识，他的对象关系是与部分对象的关系，占优势的机制是分裂过程和偏执焦虑。

大约从第五个月或第六个月开始，直到一岁左右，婴儿进入"抑郁心位"。此时，婴儿已经认识到，母亲是一个不同于自己的人，就有可爱与可恨两个方面的特征，既可以给予自己满足，又能够让自己挫败，"好"与"坏"兼具。因此，儿童开始有了矛盾的情绪体验，一方面他需要母亲而且依赖母亲，但另一方面母亲不能总是满足他，这让他萌生出强烈的恨。这种爱和恨都指向同一个母亲，仇恨和破坏性冲动使得婴儿害怕自己会毁灭母亲从而失去她，于是陷入抑郁性的心态。婴儿在抑郁心位的核心任务是在他自我的核心建立足够好和安全的整体内部对象。如果这一活动失败，儿童就会患偏执或躁狂—抑郁类的心理疾病。

克莱茵认为，相对健康的心理状态并非是达到并保持在一个发展性的稳定期，而是一种不断丧失继而又重新获得的心位。因为爱和恨永远都会出现在体验中，所以抑郁性焦虑是人类存在中恒常且核心的特征。在一些重大的丧失、拒绝和挫败时刻，个体就会无可避免地退回到有偏执—分裂心位和躁狂性防御所提供的安全中去。

## （四）温尼科特

唐纳德·伍兹·温尼科特，是英国精神分析学家、客体关系理论大师。他远离了弗洛伊德对本能的强调，其论著主要阐释母亲与孩子之间的相互作用如何滋养或阻碍孩子发展；同时，他将克莱茵所强调的母亲对孩子人格发展的关键性影响扩散至孩子周围的环境，认为母亲是环境的一部分，身为儿童的照顾者，重要的是提供能促进发展的环境。温尼科特将儿童自我建构提升至社会化层次，乃至文化领域的影响。

### 1. 足够好的母亲

在温尼科特的理论中，他强调真实的母亲的功能，"一个真实的母亲对婴儿所做的最好的事情就是足够敏感"。温尼科特认为，对婴儿影响力最大的不是粗暴虐待或严重剥夺，而是母亲对幼儿缺乏应答敏感性，即母亲对幼儿需求缺乏"处理"。足够好的母亲，指在婴儿出生后数周内母亲处于一种"原初母性专注"的心理状态，越来越淡化自己作为一个独立的人的主体性、个人兴趣和生活节奏等，越来越关注婴儿的活动。母亲的这种高度敏感的状态，能满足婴儿的愿望和需要。母亲的这种原初母性专注为婴儿塑造了主观全能感和持续存在感。这一时期婴儿生命最初几个月的体验质量对婴儿今后成人期的个体状态具有关键的作用。

但是，足够好的母亲并不是意味着母亲要时刻满足婴儿的全部需要。在婴儿出生时，足够好的母亲几乎完全适应婴儿的需要，但随着时间的推移，这种适应逐渐减少，而婴儿将根据其逐渐增长的能力来应付失败。没有母亲能够满足婴儿全部的需要，因此好母亲和坏母亲之间的差异并不在于母亲犯不犯错误，而在于犯错后母亲是如何处理的。好母亲能够根据婴儿的需求，调整自己的错误回应，直至让婴儿得以满足；在被需要的时候应及时出现，在不被需要的时候应适时退离。母亲慢慢地从婴儿的世界中退出来，把世界还给婴儿自己，逐渐减少代替婴儿自我的做法，逐渐减少婴儿的依赖感。

2. 依赖与独立

温尼科特认为，"婴儿从来都不是单独存在的"，婴儿不是一个隔离的个体，没有母亲的照顾就没有婴儿。他认为，儿童的心理发展过程是人与人之间、人与环境之间关系的发展。在母婴关系中，婴儿是从对母亲的完全依赖发展到相对依赖，直至趋向独立。

（1）绝对依赖。

在婴儿出生后的几天或几个星期里，婴儿完全依赖母亲，母亲处于原初母性专注的状态中，为婴儿提供需要的爱和环境。婴儿与母亲完全融合在一起，婴儿不能意识到母亲的供养和自己对她的依赖。这种对母亲的绝对依赖，塑造了婴儿的主观全能感和持续存在感。

（2）相对依赖。

从绝对依赖阶段转变为相对依赖阶段，象征着客体关系能力的重要发展。婴儿开始意识到自己是依赖着母亲的，母亲不是自己的一部分。因此，在母婴关系中，婴儿必须逐渐减少对母亲的依赖，逐渐适应不能及时得到满足后的挫折。对于婴儿而言，适度的挫败是健康的，是婴儿自我发展的必要部分。与此同时，母亲开始同步从原初母性专注中退出，越来越关注自己作为一名独立的人的需求，逐步开始自我关照和自我满足。在婴儿成长的过程中，对婴儿适度的关心和不关心都是心理发育必不可少的。母亲越是能够给予孩子适度的亲密关系，孩子就越有能力与母亲分离，顺利进入趋向独立的阶段。

（3）趋向独立。

前两个阶段发展得好，幼儿才能在经验基础上建立一个健康牢固的内部世界，在此基础上，开始逐步向外部世界发展。在趋向独立阶段，蹒跚学步的儿童逐步成长为青少年，在成长的过程中，其内部现实与外部现实持续交互作用，逐渐趋向于社会认同。

### 3. 真我与假我

在发展过程中，当婴儿的需要被积极满足时，其真我便能逐步发展出来。真我包含每个人独特的、原创性的部分，也与身体的活力联系在一起，只有真我才有真实感。如果母亲不能敏感地对婴儿的需求做出反应，婴儿就必须被迫顺从以求生存，发展出假我。假我就是在婴儿对环境的顺从中形成的。假我并不是完全不好的，健康的假我表明一个人具有一定的环境适应性。因此，假我和真我之间需要平衡，但如果走向极端，就会造成假我障碍。严重的自我障碍起源早于俄狄浦斯期，甚至早于婴儿晚期。因此温尼科特认为，对婴儿影响力最大的似乎不是粗暴虐待或严重剥夺，而是母亲对幼儿的应答敏感性的质量。关键的不是喂养本身，而是亲子关系的质量。

### 4. 过渡客体与过渡空间

在温尼科特的理论中，过渡客体是一个既非完全主观也非完全客观的中间领域。过渡客体是儿童的第一个"非我"所有物。婴儿在主观全能感中以为是自己创造了欲望的客体，如乳房，并相信能完全控制它。在根据客观现实组织的体验中，婴儿发现自己必须去找出欲望的客体，并敏感地觉察到与客体的分离和不同，感到缺少对客体的控制。过渡客体被体验为既非主观创造可控的，也非可发现和分离的，而是在这两者之间。在对婴儿行为的研究中，温尼科特认为过渡客体是母亲乳房的替代物，既不是内部客体也不是主观客体，也不仅是外部客体，它存在于一个中间领域，既有客观的外在现实，又有儿童自己的主观性。这一中间地带既是主观的，又是客观的，并不排斥任何一方。虽然外部客体代表着所有的母亲养育的成分，但它也表示婴儿创造他所需要的东西的能力，这就是为什么过渡客体是婴儿的第一个所有物："它属于他，因为他创造了它"。孩子的过渡客体，如一只喜爱的玩具熊，对孩子来说代表着母亲，随着与母亲分开的时间的加长，过渡客体能使儿童与母亲保持一种想象中的联系，也能缓冲儿童因主观全能世界和客观外部世界之间的落差所带来的焦虑。

在内部世界和外部世界之间，温尼科特认为还存在第三个精神世界，即潜在的或过渡空间。随着婴儿主观全能感的逐渐破灭，开始区分"我"与"非我"、内部与外部。伴随着这种区分工作的进行，一个第三方的"过渡空间"被创造出来。外部世界是外部充满无数真实他人的生活现实，内部世界是内化的客体关系世界，而过渡空间是经验的中间区域，存在于幻想和现实之间。作为中介，它使得从幻想和无所不能到参与现实得以实现。过渡空间同游戏、象征的产生密切相关，属于游戏、创造力、幻想、想象和错觉的范畴。儿童的游戏场就是一个过渡空间，儿童由此发展出人际交往的能力。

温尼科特提出，过渡客体有七种特性：（1）儿童认为自己对这客体拥有权利；（2）客体受到热情的拥抱，并且受到热烈的喜爱和摧残；（3）它必须从不改变，除非由儿童本人改变；（4）它必须能够承受本能的爱和恨，而且如果它有容貌的话，还得受到纯粹的攻击；（5）在儿童看来，它必须能够给予温暖，或者能够运动，或者有结构，或者能够做某种事情以显得它自己有生命力或真实性；（6）儿童认为，不是来自内部，它不是幻觉；（7）它的命运就是逐渐受到冷漠，但在数年的过程中它还不至于被完全遗忘。

## 二、行为主义理论

"给我一打健全的婴儿，并在我自己特殊的天地里把他们抚养长大，我保证能把其中任意一个训练成我所选的任何一类专家——医生、律师、艺术家、商人、首脑，甚至乞丐和窃贼，而不管他们的天资、爱好、倾向以及他祖先的能力、职业和种族。"

上面这段话，反映了一个信念——教养就是一切，无关天性或遗传。这是行为主义代表人物华生提出来的，是行为主义的代表性观点。行为主义是现代心理学的主要流派之一，该理论主张以客观的方法研究人类的行为，从而预测和控制有机体的行为。行为主义的代表人物为华生、斯金纳、班杜拉等。

### （一）华生：经典条件作用

华生认为，应当以观察外显的行为为基础，对人类发展和功能做出结论，而不是对无法观察到的认知和情绪过程进行思考。他排斥弗洛伊德的精神分析理论，坚持认为外界刺激和观察到的反应之间的学习联系是人类发展的基础。他相信儿童没有天生倾向，如何发展完全依赖他们生长的环境以及父母和生活中重要他人对待他们的方式。

根据经典条件作用原理，华生进行了著名的"小艾尔伯特实验"。实验分为三个阶段。第一阶段为条件反射前阶段，9个月的小艾尔伯特接受了一系列基础情感测试，确认他对白鼠、兔子、棉絮等物品没有恐惧的情绪，上述物品为中性刺激。第二阶段为形成条件刺激阶段，在第一阶段中出现的中性刺激出现时，无条件刺激（大的噪声）同时出现，无条件刺激会引起小艾尔伯特的恐惧。在这个阶段，中性刺激和无条件刺激多次结合出现。第三阶段为条件反射形成阶段，当只有中性刺激（如小白鼠）出现时，小艾尔伯特也会出现恐惧心理，甚至有皮毛的物体，都会引起小艾尔伯特的哭闹甚至恐惧。在这个试验中，一个先天的中性刺激，因与无条件刺激相结合，变成了一个条件刺激。

上面这个实验，可以用于对亲子关系的理解。父母对婴儿而言，在开始时是中性刺激，但是随着父母与给婴儿喂奶、摇动等活动在一起，引起了婴儿把父母和这些舒适的、积极的感觉相连接，当父母出现时，孩子的积极感受就会出现。在亲子互动中，广泛的情绪联系和态度是通过经典条件作用获得的。

### （二）斯金纳：操作性条件作用

斯金纳是一位著名的美国心理学家，他提出了操作性条件作用。通过对动物的研究，斯金纳提出操作性条件作用，即一个学习者行为的可能性是变得更大还是更小，取决于它产生的结果。在日常行为中，人们通常会重复那些有愉快结果的行为，而减少那些产生不愉快结果的行为。通过操作性条件作用，人们学习新的技能、好的习惯甚至坏的习惯。

用操作性条件作用来解释日常现象：当做了一件事的结果是得到一个积极反馈后，强化发生了，那么这件事就会有可能重复发生。研究发现，当一个新行为出现时，最有利于学习的强化是连续的正强化；之后，为了使行为保持较长的时间，可以改为对部分行为的强化。对于一些不需要的行为，则可以采用负强化的方式进行，即收回一个愉快的刺激。

与强化相对的是惩罚，惩罚分为积极惩罚和消极惩罚。积极惩罚，当一个不愉快的事情紧跟着一个行为被增加到情境里，发生的是积极惩罚；当紧跟着行为的某些愉快的事情被从情境里去除时，发生的是消极惩罚。积极惩罚和消极惩罚都能降低被惩罚行为重复发生的可能性。如果想让惩罚在下面的条件下实施，更有助于提高惩罚的效果：（1）在犯错后立即实行（不是数小时后才实行）；（2）在每一次犯错误后始终如一地实行；（3）不过于苛刻；（4）伴随着解释；（5）由另外一个有深厚感情的人来实行；（6）伴随着对更令人满意行为的强化。当然，经常性的惩罚行为会产生副作用，尤其是身体惩罚。

### （三）班杜拉：社会学习理论

班杜拉提出社会学习理论，他认为人是有认知能力的生物，从环境中主动加工信息，在其学习和发展中起着重要的作用。社会学习理论强调观察学习的作用。观察学习又称替代性学习，是指通过对学习对象的行为、动作以及它们所引起的结果观察，获取信息，而后经过学习主体的大脑进行加工、辨析、内化，再将习得的行为在自己的动作、行为、观念中反映出来的一种学习方法。

在班杜拉看来，由于人有通过语言和非语言形式获得信息以及自我调节的能力，使得人能够通过观察他人（榜样）所表现的行为以及行为的结果就能够学到复杂的行为，不必事事经过亲身体验。即在观察学习中，人们可以通过观察就能够学习，不必直接做出反应，也不用亲身体验强化。个体能通过观察他人的行为得到某种认知表象，并以之指导自己以后的行为，可以让学习者避免不必要的尝试错误。

观察学习的经典实验是儿童模仿攻击充气娃娃的实验。在该实验中，实验者先要求两组儿童观看成人打充气娃娃的视频；之后，其中一组儿童看到视频中的成人得到了奖赏，被实验者称赞为英雄，而另一组儿童则看到视频中的成人得到了惩罚，实验者批评了他。在看完视频后，儿童们被带进了有充气娃娃的房间，被告知可以自由玩耍；实验者通过单向玻璃观察儿童的行为。实验结果表明，儿童通过模仿习得了视频中成人的行为，第二组儿童在进入房间后，打充气娃娃的倾向明显地少于第一组的儿童。在实验的基础上，班杜拉提出了儿童会学习榜样的行为，榜样就是那些能够成为学习者观察学习的对象。班杜拉把榜样分为三种形式：活的榜样，具体的活生生的人；符号榜样，指通过语言或影视图像而呈现的榜样；诫例性榜样，即以语言描绘或形象化方式表现某个带有典型特点的榜样，以告诫儿童学习或借鉴某个榜样的行为方式。

班杜拉根据观察者观察学习的不同水平，把观察学习划分为三种类型：直接的观察学习，即学习者对示范行为简单的模仿；抽象性的观察学习，学习者从示范者的行为中获得一定的行为规则或原理；创造性观察学习，学习者从不同示范行为中抽取出不同的行为特点，并形成一种新的行为方式。班杜拉认为观察学习过程包括四个子过程，分别是注意过程、保持过程、运动再现过程和动机过程。

观察学习是通过观察榜样的示范行为进行的，因而榜样的条件会影响学习。班杜拉认为理想的榜样应具备五个条件：榜样的示范要特点突出、生动鲜明，才能引起学习者的注意；榜样的示范要符合学习者的年龄特征；榜样的行为对于学习者来讲要具有可行性，即学习者能够做得到，这是最基本的条件；榜样的行为要具有可信任性，即相信榜样做出某种行为是出于自身的要求，而不是具有另外的目的；榜样的行为要感人，使学习者产生心理上的共鸣，这时学习者才会表现出相类似的行为。

观察学习理论具有以下几个特点。第一，观察学习不一定具有外显的行为反应。班杜拉认为，人们可以通过观察他人的示范行为，在自己尚未表现行为时就已经学到了如何去做，这样就可能避免许多不必要的错误或者危险，例如学习跳水。第二，观察学习并不完全依赖直接强化。因为观察者仅仅通过观察别人的行为就能学习到复杂的行为过程，因此不需要亲自体验强化。班杜拉认为强化在观察学习中并非关键因素，没有强化，观察学习照样可以发生。第三，观察学习具有认知性。个体通过观察他人的行为就能学到复杂的反应，这种学习无疑具有认知性。班杜拉认为，观察学习基本上是认知过程。观察者需要利用内部的行为表象来指导自己的行为，学习活动必然包含内部的认知过程。第四，观察学习不等同于模仿。模仿仅指学习者对他人行为的简单复制，而观察学习指的是从他人的行为及其后果中获得信息，观察学习既可能包含模仿，也可能不包含模仿。

# 三、人本主义理论

人本主义心理学兴起于 20 世纪 50～60 年代的美国，被称为心理学上的"第三势力"。人本主义不是聚焦于研究人的问题行为，而是强调人的正面本质和价值，尤其强调人的成长和发展，让人能够逐步走向自我实现。

人本主义理论关注正常人，强调人们内部的心理冲突和心理障碍，为人性引入积极的视角，对人性普遍持乐观的态度，认为人格是由适应、学习、成长和成功的积极需求驱动的，重视爱、自尊和自我实现等积极动机。人本主义的代表人物为卡尔·罗杰斯和亚伯拉罕·马斯洛。

## （一）卡尔·罗杰斯

卡尔·罗杰斯，美国心理学家。罗杰斯把人的发展看成是充分发挥机能的过程，人们具有自我实现的倾向。罗杰斯对人性的乐观态度以及对个体可以挖掘潜能和获得幸福的概念信念，为了解人性提供了新的视角。

1. 心理和谐的人

罗杰斯说，好的人生是一种过程而不是一种状态，它是一个方向而不是终点。罗杰斯认为，人要努力成为一个心理和谐的人。心理和谐的人具有如下特征：

坦诚对待自己的经历。与其陷入常规的生活模式，心理和谐的人更愿意投身于生活，其生活目的是体验生活，而不仅仅是过日子。

愿意相信自己的感觉。心理和谐的人如果认为一件事是对的，可能就会去做。尽管心理和谐的人对他人的需要感觉很敏锐，但是不会趋同于社会行为标准对自己的要求，更倾向于尊重自己的需要。

能深刻而敏感地体会自己的情感。心理和谐的人能够接受自己愤怒的情绪，也能够表达自己的愤怒，或者通过做事来使自己摆脱某种不良情绪。因此，他们具有更为丰富的生活经历。

2. 焦虑及防御机制

罗杰斯认为，人经常是不快乐的，而且也不能成为心理和谐的人。当人感到焦虑时，并以不同心理防御机制做出反应，就会让人远离快乐。罗杰斯看来，当人们接触到与自我知觉不一致的信息时，就会产生焦虑，因此就会使用扭曲和否定来防御焦虑。扭曲和否定，可以让人在短时短期内降低焦虑，但是却会让人离真实生活越来越远。当自我概念与现实之间的差距非常大时，扭曲和否定这样的防御机制就不能发挥作用，人们就会体验到整合失败的状态，从而会导致更为极端的焦虑。

3. 有条件的和无条件的积极关注

为什么人们接受那些与自我概念不协调的信息是很困难的呢？罗杰斯认为，多数人都是在有条件的积极关注环境中长大的，也就是说，在成长的过程中，父母等重要他人给予爱和支持，多是有条件的，比如"你优秀我才爱你"，很多父母在孩子满足自己期望的时候，才会给予孩子他们的爱。当父母对孩子的行为不满意的时候，孩子就不能感受到父母的爱，因此孩子们就逐步认识到要让父母爱自己，就要满足父母的期望。这种有条件的积极关注的结果就使孩子们学会了逐步远离自己的真实感情和愿望，只是接受父母赞许的那一部分自我；对于父母不能接受的部分，孩子也表现出拒绝，比如自己的弱点和错误，日积月累，孩子最终变成父母期待的样子，而不是自己真实的样子，孩子对自己也越来越不了解，因此也越来越不可能成为一个心理和谐的人。同样，作为成人，很多人也还在继续着这一过程，因为多数人把那些在自己生活中的重要人物的赞许、爱和支持的内容纳入自我概念，而把不被接纳的部分推开，把它们从自我感觉中剔除出去，最终就失去了与自己真实的情感的联系，也不可能成为心理和谐的人。

如果要让一个孩子健康成长，作为父母，就要给予孩子无条件的爱。根据罗杰斯的观点，每个人需要无条件的积极关注，来接受人格中的各个方面。在无条件的积极关注中，人们确定无论自己做什么都会被接受、被爱甚至被引以为荣，这样才能做到自我接纳。在孩子的成长过程中，父母不赞成的是孩子的某些行为，而不是孩子，父母应该是无条件爱自己孩子的。在这种条件下，孩子就会觉得不需要去隐藏那部分可能会引起爱的撤销的自我，他们就可以自由体验全部的自我，自由地把错误和弱点都纳入自己的自我概念中，自由地体验全部生活。

## （二）亚伯拉罕·马斯洛

亚伯拉罕·马斯洛，美国著名的社会心理学家，提出了马斯洛需要层次理论，对人类行为动机的探索作出了巨大的贡献。

1. 需要层次理论

马斯洛在《人类激励理论》一文中提出了需要层次理论，后在《动机与人格》一书将需要层次分为生理、安全、归属与爱、尊重以及自我实现五个层次。马斯洛认为，每一个人都具有五种基本需要，这五种需要存在着递升的关系，高一层的需要往往是在下一层需要基本满足的情况下才能够产生，呈现一种宝塔形的样态。最基本的需要几乎影响所有人的日常生活，而最顶端的自我实现的需要则只有很少的人在 60 岁之后才能真正达成。

（1）生理需要。

这是一种与个体生存有关的需要，包括对呼吸、食物、睡眠、性、水等的需要。在所有的需要中，生理需要既是最基本的，也是最强有力的。如果这一需要未得到满足，人们就会无视或把所有其他的需要推到后面去；只有当生理需要被适度满足后，其他需要才能够产生。生理需要是确保人能够生存下来的需要，是一种原始需要。

（2）安全需要。

如果生理需要相对充分地得到了满足，就会出现安全需要。安全需要是避免危险，让生活有保障，包括健康、职业的稳定、经济保障、社会稳定等。当这种需要未能得到相应满足时，它就会对个体的行为起支配作用，使行为的目标统统指向安全。

（3）归属与爱的需要。

在上述两个需要得到满足后，人们就会产生归属与爱的需要。人是社会性动物，需要关系和照顾。处于这一需要层次的人，重视爱，需要团体和家庭，渴望得到他人的认同、接受。如果这一需要得不到满足，个体就会产生强烈的孤独感、异化感、疏离感，产生痛苦的体验。

（4）尊重的需要。

当上述三方面的需要获得满足后，尊重的需要就会产生并支配人的生活，尊重的需要包括自尊、自重和为他人所敬重，又可分为内部尊重和外部尊重。内部尊重是一个人的自尊，能够感受到自己是有能力的，充满自信；外部尊重是指一个人能够得到他人的尊重、信赖和高度评价。马斯洛认为，尊重需要得到满足，能使人对自己充满信心，对社会满腔热情，体验到自己活着的用处和价值；最稳定和最健康的自尊是建立在当之无愧的、来自他人的尊敬之上，而不是建立在外在的名声、声望以及无根据的奉承之上。

（5）自我实现的需要。

当上述所有需要得到满足后，动机的发展就会进入最高层次的自我实现需要。这是一种使人的潜能得以实现的倾向，即一个人能够成为什么，他就必须成为什么，他必须忠于他自己的本性。

2. 自我实现的人

马斯洛提出了"自我实现"这一概念，将自我实现看作人格发展的最高动力，看作人类独有的一个终极价值。马斯洛认为，自我实现是一种使人的潜力得以实现的倾向，可以使一个人越来越成为独特的自己，成为其所能够成为的人。自我实现的需要处于需要的最高层次，它的产生与发展依赖于低层次的生理需要、安全需要、归属与爱的需要以及尊重需要的依次满足。自我实现是完满人性的实现，意味着"一个人真正地成了自己，更完善地实现了自己的潜能，更接近了自己的存在核心，成了更完善的人"。

马斯洛以案例研究的方式，通过访谈、自由联想、投射测验、传记分析法等方式进行研究，得出自我实现者具有以下人格特征：

能准确客观地洞察现实，并与之形成更加适意的关系。自我实现者一般都具有非常优秀的鉴赏力或判断力，他们能较好地辨别人格中的真伪，具有大体正确和有效识别他人的不同寻常的能力。他们的认知是由存在认知决定的，而不是由匮乏认知决定的，他们能坦然接受现实，接受未知的、新异的事物，并与之关系融洽，并容易为之吸引。

对自己、他人及整个自然表现出更大的认可。自我实现者对于自己与他人不可避免的优点和缺点，能认识到其具有合理性，泰然对之不抱怨。他们尊重每一个人都有成为其"真我"的权利，对于自己的缺点能够接受，更不会因为自己的缺点产生不必要的罪恶感和自卑感。他们接受随成长而发生的生理变化，不会念念不忘往昔的欢乐与做事的模式，对于妨碍人格发展的缺点会力求改正。

思想言行比较自然、坦率和纯真。自我实现者的一切思想言行均发自他们的自然本性，他们倾向于真实表达自己的感情，倾向于表达和体验他们真实的感觉。

以问题为中心而不是以自我为中心。自我实现者一般都强烈地把注意力集中在他们自身以外的问题上，热爱自己的事业，能献身于事业，而不是追求金钱、名望和权势。

有独处和独立的需要。自我实现的人一般不害怕孤独，有时甚至主动追寻隐境和独处。他们不回避与人接触，但不依赖于他人。他们能自我决定，自我管理，能成为一个主动负责、自治自觉的自由个体，他们并不刻意避开他人，只是不那么强烈需要他人。

能自立、自制、超越文化和环境的约束。自我实现者的发展和持续成长所依赖的是自己的潜力以及潜在的资源——在自然条件和社会环境面前表现出相对的独立性。不幸的境遇打击等能诋毁不健康的人，但是他们能泰然处之，表现出较强的自制力。

能以新奇的眼光欣赏生活中的许多事物和经验。自我实现者具有奇妙的反复欣赏的能力，他们带着敬畏、兴奋、好奇甚至狂喜等体验那些对于其他人已经变得陈旧的人生的天伦之乐。他们能从基本的日常生活经验中得到巨大的鼓舞并心醉神迷。对已经拥有的幸福和恩赐，他们时时铭记于心，心怀感激，表现出较高的生活素质。

较经常的经历高峰体验。许多自我实现者常经历强烈的高峰体验。马斯洛认为，高峰体验并非自我实现者独有，但只有自我实现者能充分感受它们，因为他们不会感到高峰体验将造成危险，因而无须设法对它们进行阻止或防御。自我实现者经历高峰体验的频率也要比一般人多得多，其强度也大得多。

对人类怀有一种很深的认同、同情和爱的情感。自我实现者对他人的关心不只是限于他们的朋友和家庭，而是涵盖了全世界一切文化背景下的所有人。他们思想开阔，具有帮助全人类的真正愿望。

具有深厚的人际关系。自我实现者比一般人具有更多的融洽、更崇高的爱、更完美的认同，以及更多的摆脱自我限制的能力。他们的人际关系比一般人更深厚、健康，往往建立在共同的价值观念的基础上。

具有民主的性格结构。自我实现者一般具有民主的思想倾向。他们不以种族、地位、宗教为基点来看待人，能对任何性格相投的人表示友好；只要是一个人，他们就能给予他一定程度的尊敬，同时他们也具有强烈的是非善恶感。

能分辨善与恶、手段与目的。自我实现者的道德力量很强，有明确的道德标准，能明辨是非善恶，只做自己认为正确的事情。他们一般致力于目的，手段则相当明确的从属于目的，能够更为纯粹地欣赏"做"的本身；常常既能够享受"到达"的乐趣，又能够欣赏"前往"本身的愉快。

具有富含哲理、善意的幽默感。自我实现者尊重他人，不会通过伤害他人情感或猥亵、淫秽的方式寻求幽默。他们的幽默感可成为真正的人的幽默，常常与哲理联系，并使其具有很强的感染力。

富有创造性。自我实现者都在这方面或那方面表现出具有某种独到之处的创造力。这种创造力是普遍人性的一个特点，即所有与生俱来的一种潜力。由于自我实现者对经验更开放，感情更自然且受到了存在价值的激励，保持了这种以新鲜、纯粹、率真的眼光看待生活的能力，他们更容易看到真实的、本质的东西。

文化适应的抵制。自我实现者能在多种方面与文化和睦相处，能够超越自己所在的文化。他们不随波逐流，不墨守成规，因而他们是注重内心体验的人。如果文化规范与他们个人的价值观念相悖，他们就根本不会信奉这种文化。

能超越各种二歧式的对立而达到一种整合的状态。对自我实现者而言，世上并不存在那种截然对立的东西，他们把看上去不可调和的东西整合为统一体。他们看待世界的方式是整合式的，而不是非此即彼的二分式思维。

3. 自我实现的途径

1967 年，马斯洛在《自我实现及其超越》一文中提出了趋向自我实现的八条具体途径：

自我实现意味着充分的、活跃的、无我的体验生活，全身心地献身于某一件事而忘怀一切；意味着较少自我意识，而进入完完全全成为一个人的自我实现的时刻。因此个体应经常全身心专注于某一件事情、某一项使命，彻底忘记自己的伪装、拘谨和畏缩，真正进入"无我"的境界。

面临前进与倒退、成长与安全之间的选择时，要做出成长的选择，而不是防御的选择，力争每一次选择都成为成长的选择。

倾听自己内在冲动的呼唤。即让自己的天性、潜能自发地显现出来，使之成为行动的最高法则，而不是倾听父母的教诲或权威的、传统的声音。

当有怀疑时要诚实地说出来，而不要隐瞒，在许多问题上都应反躬自问。因为这意味着承担责任，意味着对责任多了一份理解，而每次承担责任都是一次自我的实现。

在每次选择到来的时刻，都能将上述四点融合起来，一一做到。做出在素质上对自己的健康发展来说正确的选择。要倾听自己兴趣爱好的呼唤，要敢于与众不同，清晰自己的命运、使命，据此采取正确的行动。

自我实现不只是一种结局状态，而是在任何时刻、在任何程度上实现个人潜能的过程。这意味着一个人的可能性往往需要经历勤奋的、付出精力的准备阶段。

高峰体验是自我实现的短暂时刻。每个人的生活中都能体验到这样的时刻，应该设置条件让高峰体验更有可能出现，从而更清楚地认识自己、发现自己、实现自己。

要识别自己的防御心理，更有勇气放弃这种防御。要敢于接受自己的命运、职责，承认自己的内在潜能。

总之，自我实现不是发生在某一伟大时刻的问题。自我实现是一种"存在"，是每个人都有可能达到的长远目标，但同时也是一种"形成"，是一个程度问题。它是由许许多多微小的进步一点一滴积累起来的。

## 四、认知心理学理论

认知心理学是 20 世纪 50 年代中期在西方兴起的一种心理学思潮，广义是指研究人类的高级心理过程的科学，主要是认识过程，如注意、知觉、表象、记忆、创造性、问题解决、言语和思维等；狭义相当于当代的信息加工心理学。其代表人物有让·皮亚杰。

### （一）智力的本质

皮亚杰认为智力的本质是适应，它是一种帮助有机体适应环境的基本生物机能。皮亚杰提出图式、同化、顺应和平衡四个概念。他认为儿童积极探究获得的知识通过图式表现出来。图式是经验的认知结构，是有组织的动作或思维的模式，是动态的机能组织。皮亚杰认为，所有的图式都是通过组织和适应这两种天生的智力机能活动引起的。通过组织，儿童将现有的图式和新的更复杂的图式系统地联结起来。适应是适合环境要求的过程，由同化和顺应这两个相应的过程组成。同化是主体将环境中的信息纳入并整合到已有的认知结构的过程。同化过程是主体过滤、改造外界刺激的过程，通过同化，加强并丰富原有的认知结构；同化使图式得到量的变化。顺应是当主体的图式不能适应客体的要求时，就要改变原有图式，或创造新的图式，以适应环境需要的过程。顺应使图式得到质的改变。同化表明主体改造客体的过程，顺应表明主体得到改造的过程。通过同化和顺应建构新知识，不断形成和发展新的认知结构。同化和顺应的最终目的是达到平衡。皮亚杰认为，儿童一生下来就是环境的主动探索者，他们通过对客体的操作，积极地建构新知识，通过同化和顺应的相互作用达到符合环境要求的动态平衡状态。皮亚杰认为，主体与环境的平衡是适应的实质。

具体而言，皮亚杰认为，图式就是在头脑中内化了的、简化了的行为模式，婴儿最初的图式来自先天遗传，如吮吸、抓握、行走等；以后在适应环境的过程中，图式不断变化、丰富和发展起来，即通过同化作用，巩固原有图式；通过适应，改造原有图式，形成新图式。随着旧平衡被打破，新平衡建立，原有的图式不断得到改造、完善，认知结构不断得到发展，儿童心理不断由低级向高级发展。

## （二）认知发展阶段理论

皮亚杰认为，在个体从出生到成熟的发展过程中，认知结构在与环境的相互作用中不断重构，从而表现出具有不同质的四个阶段。皮亚杰认为，儿童在各个阶段的发展速度是不同的，并不是所有儿童都在同一年龄完成相同的阶段。然而，他们通过各个阶段的顺序是一致的，前一阶段是达到后一阶段的前提。阶段的发展是不能被跨越的，而是逐渐、持续的变化。

感知运动阶段（0～2岁）。该阶段儿童的智慧是一种实践智力，婴儿通过感觉和动作来认识世界，开始协调感觉输入和运动神经反应，能协调动作与感知觉的关系，但没有表象、思维和语言，动作结构没有内化。儿童在该阶段获得了客体永久性，即当某一客体从儿童视野中消失时，儿童仍然相信该物体持续存在的意识。儿童在9～12个月获得客体永久性。同时，在这个阶段后期，符号功能出现了，儿童可以初步地使用符号解决一些问题。

前运算阶段（2~7岁）。在这个阶段，儿童可以用词语表示那些不在眼前的物体、人和事件，可以想到过去和将来，而不再受制于此时此刻的存在；假扮和幻想游戏是这个年龄段的主要游戏，符号能力可以更为熟练地运用。儿童思维的守恒观念缺乏，具有中心化的、不可逆性和静止性的特点，不能理解守恒概念。

具体运算阶段（7~11岁）。该阶段儿童的实物动作内化为具有可逆性和守恒性的具体运算，即儿童只能联系具体事物或熟悉的经验进行逻辑思维，思维的内容和形式不可分。具体运算思维具有守恒性、脱自我中心性和可逆性。皮亚杰认为，该时期的心理操作着眼于抽象概念，属于运算性（逻辑性）的，但思维活动需要具体内容的支持。

形式运算阶段（11~14、15岁）。如果具体运算是针对客体的智力活动，那么形式运算就是针对思想的智力活动。在该阶段，儿童能运用符号系统去处理各种抽象的事物和关系，不仅能进行假设、演绎、推理，还能够进行抽象思维和问题解决。

皮亚杰根据长期的实验研究，总结出儿童心理发展的如下特点：（1）发展具有阶段性。每个阶段与其他阶段有着质的差异；（2）发展具有固定的连续的顺序，阶段可以提前或推迟，但顺序不会跳跃或颠倒；（3）每一个阶段的结构是在前一阶段的基础上形成的，形成的结构又为下一个阶段、结构提供条件。皮亚杰所提出的上述主体（通过同化和顺应）主动积极建构的认知智慧发展观，从个体认识发生角度说明儿童的认识活动是儿童自己的行为，这为活动教学奠定了较为科学的理念基础。

## （三）影响认知发展的因素

皮亚杰的认知发展理论提出内因和外因相互作用的发展观，即心理发展是主体与客体相互作用的结果。主客体相互作用主要表现如下：第一，在心理发展中，主体和客体之间是相互联系、相互制约的关系，即两者相互依存，缺一不可；第二，主体和客体相互转化的互动关系，先天遗传因素具有可控性和可变性，在环境的作用下，可以改变遗传特性；第三，主体和客体的相互作用受个体主观能动性的调节。心理发展过程是主体自我选择、自我调节的主动建构过程。

除了认知发展阶段论以外，皮亚杰在长期的观察研究过程中，还总结出来了影响认知发展的因素说，这是其认知心理学理论的一个有机组成部分。皮亚杰认为，影响一个人认知发展的因素主要有三个方面：

成熟和经验。当一个婴儿生理上逐渐成熟，他就能移动，就能爬来爬去，了解他所处的环境。当他在环境中发现某些特殊情况时，例如一种"咔嗒咔嗒"的声音，他就会面对这种刺激，移动它或摆动它，以便了解它。一个小孩子能够对刺激形成反应，需要物理的经验和学习在环境中产生好奇心的能力。皮亚杰认为，一个小孩子物理的行动可能比智慧成熟的行动还要早，基于这个理由，皮亚杰主张"没有学习就没有经验"，身体的行动是构成经验的一个基本要素。皮亚杰把经验分为两部分：一是物理的；二是逻辑的。物理的经验发生在小孩子对环境产生行动时，对物体的行动要比对自己身体的活动还要复杂。换句话说，小孩子有了物理的经验以后，就能推演出逻辑的经验，这对于小孩子日后思考结构的形成具有很大的帮助。

社会经验。社会经验对于智慧的成长具有决定性的影响。经由与社会的交互作用，个体能够思考到其他观点，并且观摩它的发展方向。例如，小孩子在三四岁时，他的思考方法是对事物的直接知觉反应，他玩游戏时完全是以自我为中心，不能遵循游戏的原则。当小孩子对其他的玩伴感兴趣时，他会慢慢地了解可能有不同的游戏方法。实验发现，一个小孩子得到了智慧的经验，会对他的思考方向产生新的引导。例如，在科学活动的实验设计阶段，会举一反三地想出不同的实验方法。更重要的是，当一个小孩逐渐减少自我中心意识的时候，社会经验可以帮助他发展某些无法以具体方式教导的智慧，如谦让、合作等道德观念与信仰。

平衡。为什么个体能够在环境中逐渐适应？为什么发展了个体的智力系统，个体就能够处理生活中各种不同的需要？皮亚杰认为，个体的平衡过程就是智慧的扩展过程。他相信，处在一个平衡的状态之中是人类的特性；平衡是一种内在的、自我调节的智慧过程。个体经认知发展而使其智力成长，而智力成长的内在动力实质上是个体对环境适应时，在心理上连续不断地交替出现平衡与失衡的状态所导致。

因此，皮亚杰认为，儿童心理的形成，既不单纯来自主体的先天遗传，也不单纯来自主体的后天经验，而是来自主体与客体的相互作用，即儿童的动作或活动。它通过同化与顺应两种机能，来获得机体与环境的平衡。平衡是不断发展的，一个较低水平的平衡，通过主体与客体的相互作用，过渡到较高水平的平衡，这种不断发展的平衡——不平衡——平衡的过程，就是适应过程，就是皮亚杰所谓的认知结构的形成和发展的基本过程。

第二章

# 自我认识

　　婴儿从呱呱坠地来到这个世界，就开始和这个世界真实互动，既被外在环境所影响，也在影响着外在环境。孩子的成长与母亲、重要的照顾者密不可分，与家庭的动力密不可分，同样也与社会环境密不可分。

## 一、依恋

　　依恋是指婴儿与成人（父母或其他看护人）之间形成的强烈情感联结。心理学家认为，儿童与母亲或其他看护人之间建立的依恋关系将影响儿童与其他成人、同伴的社会关系。母婴依恋的类型对儿童今后人际关系、人格发展、情绪和认知等方面的发展都有着重要的影响。

　　依恋理论首先是由英国精神病学家约翰·鲍比在1950年提出来的。鲍比是英国发展心理学家，从事精神疾病研究及精神分析的工作，认识到儿童对其照看者的依恋具有基于生物基础的进化需求。他认为，依恋是动机系统，是原始本性，是出自婴儿对于与照看者之间的身体亲近的绝对需要，这种需要不仅是为了促进情绪的安全，更是为了能够保证婴儿存活下来。从进化论的视角看，依恋系统是人类遗传程序中的一个组成部分，具有非常重要的意义。

　　婴儿对威胁和不安全的反应是天生的，依靠本能指引对依恋对象采取以下三种行为。（1）寻求、监测，并试图和提供保护的依恋对象保持亲近。（2）将依恋对象作为"安全基地"而使用。如果依恋对象在场，可以作为儿童的安全基地，在儿童需要时提供保护和支持，儿童一般会觉得可以自由去探索。另外，如果依恋对象暂时离开，儿童的这种探索就会突然中断。（3）将依恋对象作为"安全港"，在面对危险情境和受到惊吓的时候逃向此处。当婴儿受到威胁时，会寻求一个觉得比自己"更强壮或/和更智慧"的成年人来保护自己，从而获得安全感。

依恋行为的目的，不仅是要从照看者那里获得保护以避免当前的危险，而且还要确保保护是能够持续得到的，因此对于婴儿而言，不仅需要与依恋对象有身体上的可接触性，还需要在情绪上也有互动反应。

### （一）陌生情景实验

玛丽·爱因斯沃斯是美国心理学家，从1950年开始与鲍比合作，研究儿童早期与母亲分离造成的心理影响。1964年，她开始使用陌生情景实验来研究母婴关系。

陌生情景实验是一个结构化的实验评估，通常需要20分钟左右的时间；婴儿一般为12个月左右。实验的房间中到处是玩具，是一个能够让婴儿放松、开心的环境；实验者作为陌生人出现在实验场景中，给婴儿带来压力，并在实验中与婴儿互动，观察婴儿的表现。

陌生情境大体包含8个片段：

（1）母亲、婴儿和实验者在一起30秒，实验者向母亲和婴儿作简单介绍；

（2）母亲和婴儿进入房间，共处3分钟；

（3）实验者进入房间，母亲、婴儿和实验者共处3分钟；

（4）母亲离开，婴儿和实验者共处3分钟以下；

（5）母亲回来，实验者离开，母亲和婴儿共处3分钟以上；

（6）母亲再离去，婴儿独处3分钟以下；

（7）实验者进来，婴儿和实验者相处3分钟以下；

（8）母亲回来，实验者离开，母亲和婴儿相处3分钟。

在上述实验过程中，实验者记录这个过程中婴儿从始至终的行为和情绪表现情况。这个测验给婴儿提供了三种潜在的难以适应的情景：陌生环境（实验场所）、与亲人分离和与陌生人相处，通过测验来研究婴儿在这三种不同的情境下表现出的探索行为、分离焦虑反应和依恋行为等。

从上述陌生情景试验中，爱因斯沃斯发现了三种截然不同的依恋模式：安全型、回避型和矛盾型。爱因斯沃斯的研究结果表明，儿童的依恋类型是否安全，关键在于婴儿和照看者之间的沟通模式。

## （二）婴儿依恋分类

经爱因斯沃斯的陌生情景实验研究以及其后续研究，婴儿的依恋类型可分为安全型依恋、回避型依恋、矛盾型依恋和混乱型依恋四种。

1. 安全型依恋

（1）婴儿与母亲的互动。

这类婴儿与母亲在一起时能愉快地做游戏，自信地探索环境，能与母亲进行近距离或远距离交往，不是总注意母亲是否在场；在紧张情境下，能迅速回到母亲身旁，寻求保护和安慰。他们对陌生人的反应比较积极，在母亲的鼓励下能顺利地与陌生人交往。当母亲离开时，婴儿的探索行为会受到影响，有些婴儿会哭泣，有些婴儿尽管不哭泣，也会表现出一种苦恼的情绪，但总体来说，这些婴儿都没有明显的分离焦虑。当母亲又回来的时候，婴儿会立即寻找母亲，与母亲在一起，寻求亲近和安抚，并能很快地与母亲一起做游戏。

（2）婴儿的表现。

在亲子互动过程中，安全型婴儿表现出在探索行为和联结行为间的对等能力：当婴儿感到安全的时候，他们能随着自己的冲动去探索周围环境；在他们感到不安全的时候，能自然从联结中寻求安慰。

爱因斯沃斯总结说，婴儿在重聚时的反应，而不是在分离时的反应，更能表明依恋是安全型还是不安全型。不管在与母亲分离时多么难过，安全型婴儿在与母亲再次相聚时，瞬间就得到了安慰，很容易继续玩耍。

（3）母亲对待婴儿的方式。

安全型婴儿的母亲好像有一种天然的能力，能够很顺畅地将自己的节奏去与婴儿的节奏精准匹配，主动去适应婴儿，而不是把自己的节奏强加给婴儿以让婴儿来适应自己的节奏。这些母亲的行为倾向于反映出敏感而非调谐、接受而非拒绝、合作而非控制，能提供情绪上的可获得性而不会让婴儿感到疏离感。

2. 回避型依恋

（1）婴儿与母亲的互动。

这类儿童从表面上看是易于照顾的婴儿，因为他们与母亲在一起时，很少关注母亲的行为，母亲在场或不在场对其情绪的影响并不大。在活动中，这类婴儿与母亲的身体接触很少，也很少与母亲主动交流，与母亲的分享行为较少；对陌生的人和事物，他们则表现出胆子大，没有明显的退缩，能够进行自主探究活动；当母亲离开时他们不哭泣，悲伤程度较低，没有表现出明显的分离焦虑，当母亲回来时，不会表现出积极的欢迎，也没有明显的喜悦。

（2）婴儿的表现。

陌生情景会让安全型的婴儿产生明显的焦虑，但是对于回避型婴儿而言，在陌生情景实验这个本身就会让人惊慌的环境里，他们看上去对环境还是表现出明显的漠不关心。对于母亲是离开还是回来，他们都表现出明显的无动于衷，而自己还在不停地探索着周围环境。回避型婴儿的这种明显缺乏痛苦的表现，很容易被人错误地理解为他们是平静的。实际上他们内心是不平静的，因为在分离的场景中，回避型婴儿的心率和那些看上去很痛苦的安全型婴儿一样，都是加快的，并且他们的皮质醇水平（身体主要的压力荷尔蒙）在实验过程前后都明显高于安全型婴儿。

（3）母亲对待婴儿的方式。

为什么回避型婴儿有上述表现呢？有研究表明，被评定为回避型婴儿的母亲，其中有些会主动地拒绝婴儿想要联结的请求，不对婴儿的需求给予回应；还有的母亲在孩子看起来很悲伤的时候，会出现退缩行为，同样也不能给予婴儿需要的联结。因此可以理解为，回避型婴儿的母亲对情绪表达的抑制、对身体接触的厌恶，以及在实际身体接触时的粗鲁唐突，都是回避型婴儿的抚养方式的标志。

3. 矛盾型依恋

（1）婴儿与母亲的互动。

这类儿童是以母亲为中心的，他们表现出离不开母亲，喜欢缠在母亲身边，与母亲有频繁的身体接触，对外界的探索活动不积极；在陌生环境中，他们对陌生的人和事物表现出拘谨和退缩，不愿意离开母亲；在母亲离开时，他们会表现出极端的痛苦，会有明显的反抗甚至哭泣，非常悲伤；

当母亲返回与其重聚时，又表现出明显的矛盾心理，一方面他们想和母亲接触，另一方面在母亲亲近他们时表现出明显的拒绝甚至反抗，在情绪上不容易平静下来。

（2）婴儿的表现。

这种依恋类型的婴儿，注意力聚焦在母亲身上，自由探索受限；当母亲离开时，对母亲离开的反应，是一种淹没性的悲伤，以至于影响探索工作。当母亲回来后，有些婴儿的反应是矛盾的，在主动表示要跟母亲联结和对她表达拒绝之间来回摇摆，轻则拒绝母亲的怀抱，重则大发脾气；也有些婴儿只能很胆怯地或含蓄地向母亲寻求安慰，表现出无助、悲苦的状态，不能直接地接近母亲。对于回避型婴儿，即便当母亲在场，他们似乎也一直在寻找一个缺失的母亲。

（3）母亲对待婴儿的方式。

爱因斯沃斯发现，实际上矛盾型婴儿母亲的可获得性是婴儿无法预期和不经常拥有的。这些母亲不会像回避型婴儿的母亲那样在言语上或身体上拒绝婴儿，但是他们对婴儿发出的信号不敏感，不能跟婴儿形成有效回应，她们在用其特有的方式有意或无意地、微妙地阻碍着婴儿的独立自主，导致了婴儿会抑制自己对外界的探索行为。

4. 混乱型依恋

混乱型依恋婴儿的母亲，对婴儿而言，是一个复杂而矛盾的对象，她被婴儿体验为既是自己的安全港，又是危险的来源。也就是说，从进化论的视角看，儿童先天的预设应该是受到惊吓就逃向父母，但混乱型依恋的婴儿却卡在是靠近父母还是避开父母这个矛盾的趋避冲突之中。对婴儿而言，这是一个非常艰难的处境，因为儿童对父母的依赖使他们无处可逃，但是又不可依靠。所以这种可怕的"生物学上的两难境地"导致了婴儿的混乱和（或者）迷失。

研究表明，婴儿混乱不仅仅是因为婴儿在和愤怒或虐待的父母互动时体验到父母确实让人害怕，也因为在互动时体验到父母自身也在遭受惊吓，父母不能够应对父母自己表现出来的抗拒、退缩甚至恍惚的状态。总而言之，婴儿在与那些令人害怕、遭受惊吓或解离的父母互动时，逐步形成了混乱型依恋。与安全型、回避型以及矛盾型婴儿采用的结构化策略相对比，混乱型依恋反映出儿童在体验到"无法解决的恐惧"时所表现出来的一种策略上的瓦解。

### （三）沟通品质是依恋类型形成的关键

在陌生情景实验中，婴儿和照看者之间的沟通品质是形成不同依恋类型的关键所在。

在安全型依恋的关系中，婴儿清晰地表达自己在分离后需要安慰，重聚时需要在抚慰中放松下来，并且之后自己有准备继续玩耍的需求。母亲能精确解读婴儿的非言语线索，并且能做出与之相应的反应。母亲和婴儿之间的沟通表现出一种合作性、彼此互为参照而变化，母亲在用行动表明：我能体会到你的感受，我能回应你的需求。

在不安全的依恋关系中，沟通的品质不同于安全型依恋中。在和母亲分离时，回避型婴儿无法通过外部表情来表达自己内心的痛苦，但是他们心跳的加速和皮质醇水平的提高，都说明他们内心是难过的，是不能够被观察到的，也不能表现出来；同样在和母亲重聚时，他们也无法表达自己对安慰的需求。简言之，回避型婴儿几乎抑制了所有能够建立联结的沟通：他们没有表现出任何想要与母亲亲近的欲望，而且从行为上看，对母亲发起的建立联结的言行都不能有效回应。

矛盾型婴儿则与回避型婴儿相反，他们放大对母亲的依恋表达。这些婴儿在陌生情景实验刚开始时，就表现出过分担心母亲的可获得性，唯恐母亲走开。当其与母亲分离时，表现出强烈的痛苦，重聚时却又表现出对母亲的排斥与亲近的矛盾。总之，矛盾型婴儿对依恋需求的沟通一直维持在高水平上，无论母亲是否在场、是否做出反应。

研究表明，安全型婴儿的母亲对婴儿发出的信号是非常敏感的，并且能做出反应，她们的行为会惊人地随着婴儿的行为变化而不同。安全型婴儿能够直接地跟照看者沟通自己的感受和需要，就好像他们知道这些沟通能够引发调谐的反应。

回避型婴儿的母亲会拒绝依恋行为，她们自己就不具备情绪上的可获得性，会对身体接触感到不安，当婴儿伤心的时候，她们倾向于退缩。对于回避型婴儿来说，抑制自己对于母亲关于依恋需求的沟通是具有适应性的，因为这不仅让婴儿回避了自己被拒绝的可能，而且也躲过了想把母亲推得更远的这种让自己害怕的愤怒。

矛盾型婴儿的母亲对婴儿发出的信号给出了不太稳定的反应，因此其在情绪上的可获得性对婴儿而言是不可预测的。这种不可预测性往往是母亲自身心理状态造成的结果，即母亲的心理状态过度地影响她们与婴儿调谐的能力。由于从母亲那里得到的反应是不可预料的，为了能够得到母亲的反应，这些矛盾型婴儿就采取了持续的、显而易见的方式表达自己的依恋需求，通过这种方式向母亲持续施加压力，以求获得可能的照料。

## （四）成人依恋

成人依恋是指成人有关童年依恋经验的一种心理状态，与早期依恋不同的是，它不仅是建立于童年依恋经历的事实之上，更是建立在成人目前对早期依恋经历的评价之上。

成人依恋访谈（Adult Attachment Interview，AAI）是用来评定成人的依恋模式，其理论基础是鲍尔比提出的内部工作模型。根据鲍尔比（1980）的依恋理论，儿童时与父母交往的经历使个体形成了有关自我与他人的"内部工作模型"并整合到个性结构中去，成为个性结构的一个组成部分，这一工作模型会影响其后为人父母时对孩子的行为。这种工作模型具有长久的稳定性，一旦建立起来就倾向于永久。该内部工作模型包括了个体在儿童时期所经历的父母和孩子的行为模式。例如一个女性在原生家庭与父母的互动过程中学习其母亲的母亲角色，当其成为母亲后，往往会表现出一种重复自己母亲的角色模式来照顾自己的孩子，也就是说，婴儿期或童年早期的依恋经验逐步内化为成年后依恋的"内在工作模型"。

成人依恋模式可以通过成人依恋访谈呈现出来。成人依恋访谈是一种半结构化的访谈，要求参与者对童年时与父母的依恋关系、失去依恋对象、与依恋对象的分离及这些经验在个体发展及个性形成中的影响做出描述和评价。如果想了解一个成人的依恋模式，可以从以下方面对其进行了解：

你能不能帮我稍微了解一下你的家庭——比如说，过去你的直系亲属里面都有些什么人？你住在哪里？

现在我想让你试着形容一下，当你还是孩子的时候，你和父母的关系如何？从你能记得的最早的时期开始说。

你能告诉我5个形容词或短语，来形容你童年时期和母亲/父亲的关系吗？这些词让你想到哪些关于你和父母之间的事情？

那时候父母双方中哪一位让你觉得更亲近，为什么？

在童年的时候，当你痛苦的时候，你会怎样？然后会发生什么？你能告诉我一些让你觉得痛苦的事情吗？

你能形容一下你第一次和父母分离时的情景吗？

在童年的时候，你觉得自己被拒绝过吗？你当时做了什么，你认为父母对拒绝你这件事有觉察吗？

你的父母曾经威胁过你吗？具体是什么？

你认为总体上，你早期的经历是怎样影响了成年后的性格？你觉得它们在哪些方面阻碍了你的发展？

在你童年的时候，有没有其他成人和你很亲近？

在你童年的时候，或者是成年以后，你有没有丧失过亲密的人？

在你的童年和成年之后，你和父母的关系有没有发生很多变化？目前你们的关系是怎样的？

通常，成人依恋访谈把成人的依恋类型分为四种，分别为自主型、冷淡型、专注型、未确定型，四种类型与婴儿在"陌生情景"中表现出来的安全型、回避型、矛盾型、混乱型一一对应。

有研究表明，根据 AAI 对父母依恋类型的分类，也能预测儿童在陌生情景实验中被分类为安全型还是不安全型，预测的准确率达 75%。令人惊奇的是，在孩子出生之前对父母所做的 AAI 调查，也同样可以对孩子的依恋类型做出准确的预测。这在一定程度上表明，亲子之间的依恋类型，具有一定的代际传递的特点。对于成年的依恋类型，可以通过成人依恋问卷（Adult Attachment Questionnaire，AAQ）和母亲行为 Q 分类法（Maternal Behavior Q - set，MBQ）来测量，从而对成人或母亲的依恋行为进行分类研究。

**知识窗：依恋类型小测验**

请从以下三种状态中选择其一：

A. 我觉得很容易拉近与他人距离，并且在求助于其他人时并没有不适的感觉。我并不经常担心自己会被别人抛弃，也不担心是否跟别人走得太近。

B. 我发现别人并不像我想象的那样跟我走得很近，我经常担心自己的同伴并不真心喜欢我或者不愿意和我待在一起，我希望与自己的同伴走得很近，但常会因此把别人吓跑。

C. 与别人走得很近时，我会感到某种不安，我发现无法完全相信他人，无法容忍自己依赖他人，其他人跟我走得太近时，我会紧张，并且伴侣想要的亲密程度要超过我感到舒适的那种程度。

答案：A 为安全型依恋；B 为矛盾性依恋；C 为回避型依恋。

该测试是由美国心理学家辛迪·哈赞和菲利普·谢弗设计的，以便确定鲍尔比和爱因斯沃斯的依恋理论中的童年期望是否会被带到成年时代。结果证明，这种期待确实一直持续到成年时代。在 1987 年公布的测试结果中，成人回复者中 56% 的人认为自己是安全型，19% 的人认为自己是焦虑型，25% 的人认为自己是回避型。

（来源：《爱情心理学百科》，英国 DK 出版社，电子工业出版社，2016，16 页）

## （五）依恋模式的代际传递

依恋模式在亲子代际之间传递着。安全型的父母，其自身的灵活性培养了其子女的灵活性，从而促使子女形成安全型依恋。安全型父母的行为反应多样、情感丰沛、注意力几乎不受局限，他们好像时刻会准备好，对孩子发出的信号能做出及时而准确的回应。同样，孩子也是这样与父母互动的。

这些亲子间精准互动的信号在发展安全型依恋的过程中扮演了重要的角色。对于那些不安全型依恋的父母，如冷漠型和迷恋型的父母，在与孩子的关系中，父母的行为方式已经被无意识地算计好了，以保留他们在依恋方面的心理状态。这些心理状态会对父母带来挑战，他们通过选择性的不注意或不协调的反应等类似规则来保护自己，对自己注意力和行为的限制保护了这类不安全型的父母，但不幸的是，也削弱了这类父母对婴儿发出的信号保持敏感的能力。作为他们的孩子，婴儿也相应习得这些反映出父母心理状态的规则。因此，回避型婴儿会减少依恋行为，同时把对非人类环境的探索活动最大化，而矛盾型婴儿则将依恋行为最大化，从而减少自主的探索活动。

与安全型、回避型以及矛盾型婴儿有所不同，那些混乱型婴儿会重复地将父母体验为可怕的，通常是因为这些父母有明显的虐待行为，但有时候原因也在于，这些父母和婴儿在一起时会表现出害怕和（或）解离的状态，而父母这样的状态会让婴儿更为混乱。有研究表明，混乱型父母往往是自身被儿童期的创伤或丧失等未解决的体验紧紧攫住了，这些淹没性的体验从未在意识层面加工过，它们被安静地保留在解离的状态，但只要遇到某个能激起特定情绪的情境就会被激活，因此这些未解决型的父母会很容易被那些（以往的）解离体验所淹没，做出让孩子害怕的行为。当父母处于这种混乱的状态时，孩子一方面想向父母寻求安全保护，另一方面因对父母的害怕而产生逃离的欲望，这种矛盾的状态会导致孩子的混乱，也会在孩子长大后让孩子在亲子关系中表现出控制，甚至与父母对调角色的行为，以作为孩子适应父母状态的一个解决途径。因而，父母未解决的丧失或创伤造成的后果，使他们的孩子也相应地被封装在难以解决的创伤中。

### （六）依恋模式的代际传递性机制

依恋模式的代际传递是如何实现的呢？"将心比心"这个概念给予了解释。"将心比心"就是父母有一种倾向，把孩子看作有独立心理的个体，表现为使用心理特征的语言来描述孩子。一个敏感的母亲不仅能够感知到婴儿的信号，而且能够正确地解释它们，这就需要理解儿童的心理状态。因此母亲对婴儿的"将心比心"是敏感性的一个先决条件，并且能够预测依恋的安全性。

母亲对婴儿的敏感性，包括一般的敏感性（母亲对婴儿身体和情感需要的敏感性）和特殊的敏感性（母亲对婴儿心理状态和正在进行的心理活动的敏感性）。母亲一般是先具有理解婴儿的身体和情感需要的能力之后，才开始具有理解婴儿行为之下的心理状态的能力。具有高水平的"将心比心"的母亲，将更可能是一个安全型依恋的母亲，因为这样的母亲把婴儿看作一个有心理的个体，而不仅仅是把婴儿看作一个满足基本需要的个体。她们对婴儿"正在进行的心理工作"非常敏感，并且希望改变自己的行为来对婴儿的信号做出反应。

在亲子互动中，父母如能够成功地容纳儿童无法处理的情绪，对儿童做出反应，报以共情，进行应对，并对孩子的行为报以欣赏的态度，那么他们就参与了互动性情感调节的过程。通过这个过程，父母作为安全港和安全基地，强化了孩子对依恋关系的信心，形成了安全型依恋。在众多不利于安全依恋形成的情境中，共同问题是父母不能容纳孩子自己无法处理的情绪，比如迷恋型父母也许能够对孩子的痛苦进行共情性的镜映，但是却无法应对这种情绪；冷漠型父母可能无法传递出共情，但是能够成功地向孩子传达有能力应对和提供稳定的感觉。也有些父母，他们自己的脆弱损害了他们共情性反应的能力，无法回应孩子对于自己心理状态的意图。非安全依恋父母养育的儿童，从父母那里"借用"了他们父母的防御，因此父母的不安全感通常也给孩子遗留了类似的不安全感。

## 二、防御机制

不同依恋类型的婴儿，在其遗传基础上，在和父母的互动中形成了自己的人格特质。那么，什么是人格呢？

人格是一个复杂的系统，不同的研究者对人格的理解不同，所以定义也不同，到目前为止还没有对人格的科学定义达成一致。通常，人格可以定义为稳定行为方式和发生在个体身上的人际过程。人格是稳定的行为方式，可以通过不同的时间和不同的情境来查明，如一个人今天是活泼开朗的，明天后天亦是如此，在工作中干练的人，在家庭生活中亦是如此。人际过程是发生在人与人之间的过程，指的是发生在人们外部、影响着人们怎样行动、怎样感觉的所有的情绪过程、动机过程和认知过程。人们有着相似的体验焦虑或者对待恐惧情感的过程，具有共性；但同时每个人的体验也是各有不同的，存在个体差异。

稳定的行为方式和人际过程是怎样产生的呢？人格心理学家从不同角度对这个问题做出了回答：精神分析学派的心理学家认为，人的无意识心理对他们行为方式的影响很大；特质流派的心理学家认为，人是处在各种各样的人格特征的连续体的某个位置上的；生物学流派的心理学家用遗传素质和生理过程来解释人格的个体差异；人本主义流派的心理学家认为，人的责任感和自我接纳感是造成人格差异的主要原因；行为主义的心理学家把稳定的行为方式说成是条件反射和期望的结果；认知流派的心理学家则用人们加工信息的方式来解释行为的差异。虽然每个流派强调的重点不同，在描述行为时不同流派偶尔会有意见分歧，但可以把这六个流派看作一个相互补充的模型来理解人格。

下文重点以精神分析的基本理论为基础来理解人格的不同特点。

## （一）防御机制及其功能

在人格发展过程中，个体的人格特征受特定的防御方式的影响。人们经常使用防御策略，但是却没有意识到自己在这样做。一个人的现实人际关系，是他的内心世界（内在客体关系）向外投射的结果；而他或她的内心世界，又是在早年的时候跟其父母的关系中形成的。每个人对待他人的态度、看法、情感和行为，部分地是被这个人"教会"的。每个人在成长过程中，都发展出了一整套应对外界压力的行为模式，也就是防御机制。这些防御机制可以是成熟的、强大的，也可以是不成熟的、脆弱的。

弗洛伊德认为，防御机制是"自我在解决那些可能导致精神疾病的冲突时所使用的全部策略"。防御机制概念最早由弗洛伊德提出，之后由弗洛伊德的女儿安娜·弗洛伊德对这些机制进行了具体阐述，并很快被应用到临床实践中。现在，人们越来越认识到防御机制是个体对环境、对社会的适应，在其形成时具有一定的适应性、合理性，只是有些防御机制在走出家庭进入社会后，表现出了一定程度的或者明显的不适应。

研究者发现，每个人都会较多地使用一些防御机制而较少地使用另一些防御机制。心理学家把这种个人化的方式称为防御风格。由于一些防御机制比其他的更有效，所以一个人的防御风格常常可以表明一个人的心理健康状态。

## （二）防御机制的发展

在初期形成的适应性防御机制，随着个体面临新的成长环境，防御机制会逐渐不适应，进而更具适应性的防御占据主导地位。近年来的研究表明，儿童对防御机制的使用是以一种发展的、可预测的模式而变化的。认知上较为简单的防御机制，如否认，在儿童早期占据着支配地位，而在青春期和成年早期，更为复杂的防御机制则占据着主导地位。许多研究者认为，从儿童到成人，随着年龄的增长，个体使用的防御机制越来越灵活、越来越成熟。成人有一套防御机制抵抗焦虑,但儿童并非如此。一些研究发现,幼儿非常依赖简单的防御机制。随着逐渐成熟,儿童学会使用更复杂的防御方式,特别是较年长的儿童,常常转而采用投射来缓解他们的焦虑和内心的恐惧;当进入成年初期后,多数人开始使用更复杂的防御机制。使用否认和投射之外的防御机制有时被看作情感成熟的标志。从青年期进入成年期,自我所采用的手段可能会改变,但保护自己免于过度焦虑的需求始终不变。

### (三) 防御机制的分类

对于防御机制,总体而言,被称作"原始性""不成熟"或"低层次"的防御,主要指自我与外界的边界较为模糊;"次级""成熟"或"高层次"的防御,则是指个体内部的界限相对清晰。

1. 原始性防御机制

(1) 极端退缩。

婴儿遭受极度刺激或痛苦时,只要进入睡眠便可解脱。因此,退缩至另一种意识状态是可观察的、人类最基本的自我保护措施。成年人的退缩常见于社会或人际情境,用沉溺于内心的幻想来替代与他人交往时的压力。

养育者及其他早年重要客体的过度关注和情感侵入,都将强化个体的退缩;反之,对儿童的要求置若罔闻,任其自流,也使他们只能依靠自己的内心想象去应对外界刺激,这种忽视和隔离也将加速退缩的形成。

极端退缩阻止个体去积极寻求解决人际问题的方法,能使个体在较少扭曲现实的情况下逃避心理压力,致使个体对于自身情感的表达困难,但是同时,对他人的感受超乎寻常地敏锐。因此,具有这类特质的人常常具有非凡的创造能力,如艺术家、文学家、科学家、哲学家及其他才华卓越的人,或者从事此类工作的人,能够敏锐地感受外在世界。

(2) 否认。

否认是所有人面对灾难时的本能反应,是人们内心自我保护的一种非正常的方式。对现实中存在危险的方面视而不见,这是一种在创伤情境下对思想、感觉或认知加以扭曲的方法,比如个体在明显的危险情景或者消极情景中,表现出与大多数人完全相反的欣喜若狂和过度愉悦,那么他可能就在使用否认的防御机制。

否认的防御机制是婴儿早期用于处理不愉快体验的一种方式，是拒绝承认负性体验的存在，如个体面对突如其来的灾难，第一反应通常是"这不可能吧"，这样的反应通常源于儿童自我中心式的原始反应，儿童内心往往会认为"如果我不承认，这事就没有发生"。

否认经常会导致不良结果发生，例如有人拒绝每年的身体检查，好像如此便能阻止疾病的发生；又如家人对女儿遭受婚内暴力视而不见，就像没有发生这样的事件。多数人偶尔会用否认来抵御生活中的不快，许多人也频繁利用它来应对无法抗拒的压力，否认有压力的现实。在危机关头否认自己身处绝境，有时可以救人于危难，否认可以激发个体的现实效能，甚至英雄举动，比如人们的奔跑速度或者身体力量会在应激状态下超出人体的生理极限。

（3）全能控制。

全能控制是一种夸大的、无所不能的感觉与愿望，成人心中多少会保留一部分婴儿期的全能感，以唤醒自己的胜任感和效能感。人在婴儿期有这种全能感是正常的，但是有一些人即使已经成年，仍在内心无时无刻不在渴望体验全能控制的感受，愿意将所有的经历都归功于自己无限强大的力量。

在新生儿眼里，自己与世界融为一体。尚没有发育出完善的现实检验能力的新生儿认为，外界事物源于自己的内在，自己感觉饿了，食物就自动会来。在前语言阶段的新生儿，会认为自己具备控制外界的力量，能够随心所欲地得到温暖。

如果个体一味追求并享受这种全能控制的感受，而将现实和道德伦理都置之不理，那么其人格就已经达到了病态的标准。对于具有全能控制特性的个体而言，在生活中实现全面控制，尤其在人际关系中，是自己重要的议题，是自己的人生乐趣所在。

（4）极端理想化和贬低。

每个人都有理想化倾向，当自己不能具有全能感时，人们习惯将这种全能感赋予自己情感依赖的对象，希望这些重要的人是全能的。有些人似乎不愿改变自婴儿期沿袭下来的理想化倾向，但是理想化防御将不可避免地导致原始性贬低的结果，因为没有人能够在自己的现实世界中达到全能的状态。通常而言，个体越是缺乏独立，依赖感越强，越容易具有理想化的特点。

婴儿早期对自我的全能幻想，会逐渐被养育者是全知全能的这一信念所替代，强烈需要相信自己的父母能够保护他们远离生活中的所有危险，是一个全能的父母，能够满足自己所有的愿望。随着个体逐渐发育长大，童年时期依恋对象逐渐去理想化，现实感逐步增强，这也是分离—个体化必要程序，如通常认为成熟少年若过度恋家，当属不正常状态。理想化防御将不可避免地导致原始性贬低的结果。因为人生不可能十全十美，所以理想化注定带来失望感。理想化后的客体越是伟岸、丰满，幻想的破灭也越彻底。

理想化在儿童成长的过程中，能够帮助个体对抗内在的恐惧，通过自己与理想客体的心灵合一来确保安全；理想化还有助于摆脱羞耻，使自我的缺陷通过与理想客体的融合，从而感觉自己是好的，自己的缺陷得以弥补，让自己感觉良好。

（5）投射、内摄和投射性认同。

投射和内摄都呈现出区分内心主观与外界客观之间的模糊不清。投射是指将自己产生的无法接受的欲望和冲动归于他人，在投射发生时，内部心理过程被认为是来自外部的；内摄则与投射相反，是将外部信息归为内部心理的过程。

发育正常的婴儿在能够辨别体验来自内部还是外界之前，曾经有过"我"与"世界"等同的心理感受，婴儿对于内在的感受和外界的刺激区分不清，这种难以鉴别的状况会逐渐让婴儿衍生出投射和内摄的防御机制。二者同时运行时便合为一种防御方式，这种感觉方式被称为投射性认同。

良性的、成熟的投射是共情的基础；投射的负面效应是，它会导致可怕的误解和人际冲突。若投射内容与客观事实严重不符，或被投射的内容是自我的消极和不能接受的部分，人际适应困难便会接踵而至。内摄的好处在于，通过内摄可对重要他人形成原始性认同，如幼儿会惟妙惟肖地效仿生活中重要客体的态度、情感和行为。

（6）自我的分裂。

成人在日常生活中，尤其是陷入困惑或受到威胁时，会用"好"或者"坏"的方式来理解自己的复杂体验，这种防御机制被称为分裂。

分裂的防御机制通常形成于前语言时期的重要的人际过程。在这个阶段，婴儿经历着与养育者之间"好"与"坏"的互动关系，但尚不能理解养育者同时具备好与坏的特征。个体在发展出客体同一性之前，很难容忍客体的这种矛盾性的状态，因此婴儿会对某一客体要么保持友好，要么保持敌意，难以用统整的态度来对待客体。若婴儿惯用这种方式来缓解自身情绪，养育者通常会筋疲力尽。分裂机制能暂时减轻焦虑，维持自尊，但是如果长期使用，则是人格发展不成熟的表现。

（7）躯体化。

躯体化是情绪转变为躯体形式的过程。成熟的个体通常能够使用语言来描述自己的体验，通过语言与人沟通，从而逐渐取代躯体自然反应。如果个体未能得到适当的指导，导致成熟受阻，那么自动化的躯体反应便会成为情绪波动时常用的表达方式。

幼年时人们遇到外界刺激会引起自然的躯体反应，这种自然反应多半仍会保留在身体内，如消化、循环、免疫、内分泌、皮肤、呼吸和心脏，在情绪压力下都会出现不同程度的激活。若儿童未能在养育者的帮助下逐渐学习用语言表达感受，他们便可能倾向于用躯体形式或行动来替代语言，比如，对上学的恐惧通过肚子疼这种反应表现出来，慢性压力会通过患有皮肤病的症状表现出来。

有研究发现，不安全型依恋和早年创伤经历都与躯体化障碍存在关联；早期童年的恐惧经历、不安全型依恋以及自我整合感的欠缺与躯体化障碍密不可分。

（8）付诸行动。

付诸行动是幼儿无须借助语言便能表达内心想法的一种方式。幼儿不能直接地表达情绪和情感，但却可以做出相应的行动，即用行动来表达潜意识深处的情绪，如小学生通过打架来解决与同学的冲突，而不是通过与同学沟通来解决问题；喜欢一个人，通过送礼物等方式表达亲近。

由此可见，付诸行动可能带来自我毁灭，也可能有助于成长，或者二者兼备。付诸行动本身并无好坏之分，而付诸行动所表达的潜意识或解离的情感的性质，是导致个体采用最强烈的、自动化的方式进行表达的原因。

（9）极端解离。

经受了极大恐惧和创伤的人，可以通过切断自我与当下现实之间的联系来隔断强烈的负性情感，诸如痛苦、恐惧、憎恶和死亡威胁。从轻微痛苦到创伤感受是一种渐变的过程，在常态—轻微—严重—极度严重的谱系上，解离始终存在，只是程度不同，比如人在开车时轻微的解离状态到面对重大丧失时的严重解离状态。解离是人们面对创伤的"正常"反应，之所以用"正常"这个词，说明严重的解离是与严重创伤相适应的一种应对方式。当面对超出能力范围的重大灾难、难以忍受的疼痛或恐惧时，人们可能都会以解离的方式应对，进行自我保护。那些童年时期曾反复遭受虐待的个体，更会习惯性地以解离来应对刺激，以避免更糟糕的状态出现。

解离也会带来巨大的危害，因为它一旦成为个体的防御机制，就会在个体预感到威胁到来但尚未真正受到致命威胁时自动运行，自行启动保护模式，从而严重损害个体适应现实危机的整体机能，尤其是当个体把普通压力理解成为危机情境，对自己和他人的认知都会出现混乱，影响个体正常应对功能的运行。

2. 次级防御过程

（1）压抑。

压抑通常被解释为个体在不知不觉中将某些事情排除于意识范围之外。压抑的本质是潜意识地遗忘或忽略。如果内在心理或外部刺激令人烦恼或无所适从，那么就会被压抑进入潜意识。弗洛伊德在和来访者工作时发现，在创伤体验中存在着大量的压抑，比如遭受强奸或虐待的受害者不能记起当时的情境。儿童通过压抑这一防御机制，来应对发育阶段中那些自然出现但难以实现且被禁止的欲望。

人们在成长过程中必然经历压抑过程，比如对挑战环境的焦虑会引起压抑，这样儿童才能逐渐离开早年亲密客体，在家庭以外去寻找新的伙伴，拓展自己的人际关系。压抑只有在下列情况下才会导致不良后果：压抑失败，同时又无法根据现实来应对，使个人陷入混乱；不恰当地使用压抑而妨碍生活，妨碍一个人做出成长性的选择；妨碍了其他有效的应对方式，把压抑作为惯常解决问题的方式。

（2）退行。

退行是指人们在受到挫折或面临焦虑、应激等状态时，放弃已经学到的比较成熟的适应技巧或方式，而退行到使用早期生活阶段的某种行为方式，以原始、幼稚的方法来应付当前情景，来降低自己的焦虑。退行是一种相对比较简单的防御机制，在日常生活会经常被看到，如家里新添二孩后，原本能分房睡的老大要求父母陪睡，甚至原本已经能够自理的事情需要父母帮忙才可以做好；成人也会有类似现象，如经历创伤事件后，需要人陪伴。由此可见，社会发展与情感发育并不是一条直线，个体成长的波动性会随人们年龄的增长而逐渐变缓，但永远不会消失。

（3）情感隔离。

情感隔离是将情绪从认知中剥离开来，是个体应对焦虑和痛苦的一种方式。确切地说，伴随体验或观念的情感可从认知整体中游离出来。对于某些养育方式之下形成特殊气质的个体，隔离可能会成为其处理创伤的核心防御方式，如被父亲家暴的孩子，对于被父亲打没有明显的愤怒感，甚至会平静地给父亲找那些可用来打自己的用具。

（4）理智化。

理智化是把情感从理智中隔离开来的升级版本。使用隔离防御的个体表现为对感受持置若罔闻的态度，而使用理智化的个体会平静地谈论让人不舒服甚至能引起人强烈负性情感的感受，如被父亲打的孩子认为被打是父亲爱自己、是为了能够让自己有更好的成绩。理智化所需要的是强大的自我力量，有助于个体在消极情绪中保持理性，并能在确认情感获得妥善处理之前，保证思维常规运行。如果个体不能脱离防御的桎梏，对情绪持排斥态度，那么即便他努力表现得富有情感，也会给人以表演的感觉。

（5）合理化。

当人们在生活中无法得偿所愿时，便自然觉得原先追求的都毫无意义，如吃不到葡萄说葡萄是酸的；或是某些不幸，感觉其实也并没有那么糟糕，比如被父母打，总比没有父母要好，有父母才会被父母打。例如父母将打骂孩子合理化为"好多父母都打孩子，这很正常"；丈夫出轨，会说"哪只猫不偷腥"。

（6）道德化。

当个体使用合理化时，会无意识地寻找意识层面可接受的理由；当个体使用道德化时，则会无意识地寻找意识层面与责任有关的理由。合理化认为欲念合情合理；道德化则把欲念看作符合道德和责任。道德化是个体早期发育开始区别好坏后持续进展的结果，在儿童尚不能够整合自我的阶段，分裂会自然发生。而道德化能借助规则的力量，处理自我被唤醒之初要面临的复杂情感。例如，即使父母做得不对，也不能反对，因为对父母要孝顺；家庭中的长子就要对年幼的弟妹承担照顾责任，因为他是哥哥。个体也可以用道德化来完善超我的形成。

（7）间隔化。

间隔化的个体会同时拥有两种以上的观点、态度或行为，尽管这些态度和观点无论本质和现象都相互冲突，但个体却浑然不觉。有些个体具备更为极端的间隔化特征，他们会在公共场合尽显道德风采，而在家中虐待子女；有的人会公开发表保护儿童的言论，但是私下里却做着伤害儿童的行为。

（8）抵消。

抵消是指个体通过一定的行为与内心体验达到平衡，即个体潜意识中指望通过某些态度或行为恰好消除诸如内疚或羞愧等情感，从而达到心理的平衡。如果行为的动机存在于意识层面，理论上就不能称之为抵消。例如，父亲打了孩子，会给孩子买礼物；一个丈夫因为有外遇，会给妻子买贵重的物品；子女在父母生前不孝顺，在父母去世后办隆重的葬礼。若个体以抵消作为核心防御，且通过潜意识的赎罪行为来支撑自尊，那么考虑其人格可能具备强迫特征。

（9）攻击自身。

攻击自身是指个体把对外部客体的负性情感或态度转而施加到自己身上。对于儿童来说，生长环境造成他们对养育者的绝对依赖，如果养育者十分苛刻、严厉，为避免来自无法依赖的养育者的惩罚，他们会采用攻击自身这种防御方式。例如，孩子考试没考好，为了避免父母的惩罚，会先哭着向父母说自己不够好。

（10）置换。

置换是指将驱力、情感、关注或行为从初始目标客体转向其他客体，因为若施加于前者，将引发焦虑。比如，丈夫受了妻子的贬低、指责，不敢向妻子表达自己的愤怒，转而呵斥孩子；员工受了老板的批评，不敢向老板表达不满，而对清洁工进行指责。

（11）反向形成。

传统的反向形成包括正/负性情绪的相互转换，例如，由恨转爱、崇拜变蔑视或嫉妒变吸引，例如一个三四岁的幼儿，在妹妹出生后，他尽管心存嫉妒，但是在父母面前会表达出对妹妹浓浓的爱意；不被父母爱的孩子，在父母上年纪后对父母非常孝顺，希望能够得到父母的喜爱和认可。

（12）认同。

认同作为一种防御机制，是指无意识地取他人之长归为己有，并作为自己行动的一部分加以表达。个体有无意识地、选择性地吸收、模仿或顺从另外一个人的态度或行为的倾向，将对方之长归为己有，作为自己行为的一部分去表达，以此吸收他人的优点以增强自己的能力、安全感以及接纳等方面的感受，掩护自己的短处。通常，认同是儿童学习性别角色所必须，比如男孩认为自己要成为像爸爸一样的人，女孩认为自己要成为像妈妈一样的人，都是儿童性别角色的认同。认同与其他成熟防御过程相似，都是正常心理发育的一部分，只在特定情境下才可能出现问题。

（14）升华。

升华是一种最积极的、富有建设性的防御机制，是把社会所不能接受的性欲或攻击性冲动所伴有的力比多能量转向更高级的、社会所能接受的目标或渠道，进行各种创造性的活动。比如一个人失恋了，化悲痛为力量，发奋学习，考研甚至出国深造。

（15）幽默。

幽默是指当事人面临困境时，并不转移在场其他人的注意力，而是以幽默的方式化解当事人自己的窘困处境。这也是最为积极、成熟的防御机制之一。以幽默的语言或行为来应付紧张的情境或表达潜意识的欲望，以表面的开心欢乐来不知不觉化解挫折困境和尴尬场面及内心的失落，例如，人们经常在幽默中表现关于性爱、死亡、淘汰、攻击等话题，如作家海明威的墓志铭："恕我不起来了！"当然，过度的幽默是一种心理疾病的掩饰。

## 三、人格发展水平

上面所提及的不同的防御机制，是人格特征的一部分。由于个体的不同人格特征形成于不同的发育阶段，以成长过程的不同阶段来划分儿童所经历的挫折，有助于更好地理解个体人格的全貌。人的发育阶段的顺序是由遗传决定的，发育状况的优劣则与环境因素相关，各发育阶段发展状况不同，所达到的人格发展水平和人格结构不同。因此，人格结构的诊断评估有助于更好地、全面地了解一个人。

以精神分析的理论为基础，人格发展水平被划分为神经症性、边缘型和精神病性三个水平。有学者从个体惯用的防御、认同整合水平、现实检验能力、自我反省、原始冲突本质及移情与反移情多个角度，分别讨论了神经症性、边缘型和精神病性人格结构，提出了人格的发展水平和功能水平的区分点。具体而言，具有神经症性功能水平的个体，其问题更多的是关于俄狄浦斯情结方面的情况，涉及本我和超我的冲突，处理复杂关系的能力；具有边缘型功能水平的个体关注的问题是分离—个体化的主题；具有精神病性功能水平的个体，有精神病易感性，其心理发展固着于早期的共生阶段。尽管发育维度被分成三个主要的水平类型，但它通常应该是一个连续的谱系状态，由量变到质变。个体成熟状态是不断改变的，在遭受到重大刺激时，即便是健康的个体，也会出现短暂的精神病性的反应，而最严重的精神分裂症患者，也会有神智清明的时光。

## （一）神经症性人格结构

神经症性人格指那些有情绪困扰，但仍能高度保持良好功能的人群。拥有较为健康人格结构的来访者，具有清晰的认同整合。通常，根据经验推测，神经症性人格水平的人基本顺利地度过了埃里克森提及的最初两个发育阶段，即建立了基本的信任感和自主性，认同和独立性方面的发展也相对顺利。

具有神经症性人格特质的人，主要应用较为成熟的次级防御机制，尽管他们在应对特殊的应激情境时也会使用原始防御，但这种原始防御对于维持个体的整体功能并不占有主要地位。传统精神分析理论提示，相对健康的人群应善用压抑作为基础防御方式，较少应用非针对性的防御机制，如否认、分裂、投射性认同等较为原始的防御机制。有研究发现，充满共情的父母，能使孩子经历并体验强烈的感情互动，婴儿无须以幼稚的方式应对父母，会发展出正常的神经症性人格结构。

## （二）边缘型人格结构

边缘型来访者固着于分离—个体化阶段的早期，在这一亚阶段中，儿童已获得部分自主性，但仍需确信拥有养护者强有力的保护。有研究者推断，边缘型个体的母亲可能在亲子分离的初始阶段挫败孩子独立的愿望；

或是对获得自主性、想要退回母亲怀抱的儿童置若罔闻。

边缘型人格最引人注目的特征之一是对原始防御的运用，过度依赖那些古老、笼统的防御机制，如否认、投射性认同和分裂。相同的是，边缘型与精神病性来访者都极度依赖原始性防御机制，也都缺乏自我感受，边缘型与精神病性人群二者之间的本质区别在于现实检验能力。前者在于无论症状如何丰富，仍能感受到边缘型的人的现实感。

### （三）精神病性人格结构

日常生活中具备精神病性状态的人，平时并不一定具有精神病性表现，只有身处某种刺激时，才会激发症状，比如幻觉、妄想、牵连观念、思维逻辑混乱。有些人可能永远达不到被诊断为精神疾病的标准，但多少存在一些精神病性症状，他们的日常生活平静，工作效能高，但内心总透露出困惑和恐惧，思维混乱或偏执；也会表现出对于自己幻想中的超自然破坏力有难以名状的恐惧，缺乏反省能力，缺乏区分本我、自我、超我的能力，无法区分观察自我与体验自我。

精神病性个体惯用的防御方式包括回避、否认、全能控制、原始性理想化或贬低化、原始性投射或内摄、分裂、重度解离、付诸行动及躯体化等。20 世纪 50 年代至 60 年代，精神分析指导下的对精神病患者家庭环境的研究表明，这类儿童自小受家庭情感交流方式的潜移默化，逐渐认为自己并非一个独立个体，而是某位家庭成员生命的延续。

第三章

# 认识家庭

每个人皆生于家庭，长于家庭，家庭对于人产生重大影响，这一点是不言而喻的。

家庭，是指建立在婚姻、血缘或者养育关系基础上、由共同居住与生活的人群所构成的系统。在这个系统中，家庭成员之间通过交往互动形成共有的文化与规则，创造安全与亲密的氛围并互相提供情感与物质上的支持和帮助。

从社会设置的角度来说，家庭是最基本的社会设置之一，是人类最基本、最重要的一种制度和群体形式，在人类生活和社会发展中具有重要的功能。通常而言，家庭具有的功能可分为自然功能和社会功能。家庭的自然功能，指家庭基于人类的自然属性所产生的功能，主要包括性爱功能和生育功能。家庭的社会功能，指婚姻家庭基于其社会属性所产生的功能，主要包括经济功能、教育功能、抚养功能和情感功能等。

## 一、家庭的生命周期

### （一）家庭生命周期的阶段

家庭的生命周期，指核心家庭经历产生、发展、衰老和消亡的过程，也就是核心家庭从产生到结束的过程。每个生命都是有周期的，需要在每个年龄段完成个人和社会所赋予的任务，家庭亦是如此。社会学家通常将家庭的生命周期分为六个阶段，每个阶段都有各自的特点和功能，都有各自需要完成的任务。

这六个阶段分别是单身年轻人离开原生家庭、新夫妻通过结婚建立自己的家庭、有年幼子女的家庭、有青少年子女的家庭、孩子离开的家庭和晚年家庭。各阶段的主要内容如表 3.1 所示。

**表 3.1 家庭的生命周期**

| 家庭生命周期的阶段 | 阶段转换的情感过程：关键变化 | 家庭发展所需的二级变化 |
|---|---|---|
| 离开家庭：单身青壮年 | 接纳自我的情感和经济责任 | 从原生家庭的关系中分化出来；<br>发展同辈亲密关系；<br>建立起与工作和经济有关的自我。 |
| 通过婚姻建立家庭：新夫妻 | 对新系统产生承诺 | 婚姻系统的形成；<br>调整与扩展家庭和朋友的关系，使所系统可以纳入配偶。 |
| 有年幼子女的家庭 | 接纳新一代家庭成员进入系统 | 调整婚姻系统从而为孩子留有空间；<br>共同承担养育孩子、工作养家和家务的任务；<br>调整与扩展家庭的关系，使父母和祖父母角色得以建立。 |
| 有青少年子女的家庭 | 增加家庭界限的灵活性以容纳孩子的独立性 | 调整亲子关系，允许青少年进入或离开系统；<br>重新重视人到中年的婚姻和职业议题；<br>开始转向照顾上一代。 |
| 孩子离开家庭 | 接纳家庭系统在人员方面的变化 | 家庭再次变成只有夫妻双方两个人的一个系统；<br>在成人孩子与父母之间发展成人和成人之间的关系；<br>调整关系从而接纳姻亲关系和孙子孙女；<br>应对父母（祖父母）的心身残疾和死亡。 |
| 家庭的晚期 | 接纳代际角色的转化 | 适应自己与配偶在身体状态变差时的功能和兴趣：探索新的家庭和社会角色可能；<br>支持中生代承担家庭的主要角色；<br>在家庭系统中为上一代留下空间；<br>应对配偶、兄弟姐妹和其他朋友的去世，为自己的去世做准备。 |

## 1. 离开家庭：单身青壮年

这是周期的第一阶段，由青年人离家开始，就像一粒蒲公英的种子，从自己的母体上脱落，开始了自己独立生活的道路。在这个阶段，青年人需要成功地将自己与父母分离，不仅是经济上的独立，在情感上也需要独立，能够有稳定的自我概念，发展亲密朋辈关系，形成职业自我，能够有初步明确的职业定向。这个阶段对于父母而言同样需要面对挑战，需要在内心与孩子分离，让孩子能够与自己实现心理上的分离，能够与他人建立亲密关系。事实表明，与父母分离程度越良好的青年人，越有能力去建设自己的亲密关系。在不同的文化背景下，青年人的状态是不同的，西方的文化更加强调个人主义，中国传统文化强调集体主义，不论在哪种文化背景下，都需要青年人在内心形成平衡，以适应文化的要求。

## 2. 通过婚姻建立家庭：新夫妻

这是周期的第二阶段，一个人开始进入婚姻、进入夫妻关系，由一个人变成两个人。在这个时期，婚姻中需要双方彼此适应，共同构建有质量的婚姻；双方都需要重新调整与家人和朋友的关系，在个人需要及婚姻关系中找到平衡，维护婚姻共同体的利益。对于两个人而言，这是一个关键时期，是为后续家庭关系质量打基础的重要时期。婚姻对人充满了挑战，因为在婚姻中不仅要有能力保持自我，更需要有弹性，能够保持开放的状态，以面对和处理两人、两个家庭甚至两个家族价值体系的碰撞，逐步形成夫妻关系互动模式，建构核心家庭的价值系统，为未来家庭的发展奠定基础。

## 3. 有年幼子女的家庭

这是周期的第三阶段，婴儿的出生使得家庭生活由二人世界变成三人世界，个体开始承担为人父母的角色，照顾年幼子女成为每个家庭的首要任务。在这一时期，夫妻双方要共同承担教育、经济和家务等方面的责任，特别是孩子的到来需要更多的支持资源，之前两人形成的婚姻规则在孩子出生后会面临很多问题甚至挑战，如在照看孩子和教养孩子方面的冲突等。同时，作为成年子女也会受到来自各自原生家庭的影响甚至冲击，同样需要双方来进行回应和处理以及必要的协商和互相支持。

## 4. 有青少年子女的家庭

这是周期的第四阶段，有青少年的家庭。此时青少年处于叛逆的青春期，寻求独立自主，为自己走向社会、成为一个独立的人做准备。作为父母，要接受来自孩子自我独立需求的变化，要增加家庭界限的灵活性，以便允许青年人的独立；同时要面对自己的权威性在家庭中受到子女挑战的现实，并能够消解来自子女的挑战，与子女和解，达成一致。同时家庭中的祖父母也面临衰老，作为家庭中坚力量的夫妻需要调整自己与上一代及下一代的关系，家庭中的重大议题需要重新商议，以达到新的平衡。

5. 孩子离开家庭

这是周期的第五阶段，孩子成年，到了离家的时候，夫妻重回二人世界，重新回到二人的婚姻系统。如果孩子结婚，就要处理和子女配偶的关系，如果新独立的小家庭有年幼的孙辈孩子出生，新上任的祖辈往往需要与子女共同承担照顾孙辈的责任，家庭关系由两代关系变为三代关系。因此在这个阶段，家庭系统逐步变得复杂，家庭动力更为丰富，家庭角色需要重新定位。

6. 家庭的晚期

这是周期的第六阶段，在晚年期，重新面对角色及辈分的转变。在此阶段，年幼的孙辈已经长大，子女已经成为家庭和社会的核心力量，正值盛年；而夫妻双方伴随身体健康状况的下降，成为心理上的"孩子"，需要子女的照顾。因此夫妻双方需要适应自己与配偶在身体状态变差时的功能和兴趣，探索新的可能的家庭角色和社会角色。

## （二）家庭生命周期与个体发展

家庭是一个系统。对于个体发展而言，一方面，家庭系统必须调整以适应其家庭成员的成长，比如，新家庭成员的到来必然会导致家庭系统的整体调整以确保新生力量的成长和发展；另一方面，家庭系统中任何一个人或者一代人的成长都会对某个甚至全部家庭成员产生影响，比如孩子进入青春期或者子女结婚组建新家庭。在家庭发展的过程中，从一个阶段过渡到下一个阶段的转折时期，家庭动力往往是最强的，压力通常是最大的，家庭系统需要重新适应、调整甚至突破，以协调各方动力，达到系统内关系的新平衡。每个阶段都有相应的发展任务，家庭系统如果不能及时调整自身结构以适应变化，就容易出现各种家庭问题。

家庭系统的平衡，是一个动态的过程。许多家庭在刚组建时，是一个家庭功能运转良好的家庭，但是进入家庭生命周期的转折阶段后，伴随家庭中重大议题的调整，新家庭成员的出现，才出现了问题，如上文提到的子女进入青春期。一代人的成长变化会使身处不同代际的人的适应变得复杂，如中年夫妻可能会因为孩子的出生而将自己的重心转向家庭，随孩子逐渐长大并试图脱离家庭而对自己的职业重新探索发展方向和定位，希望更亲近孩子的愿望会让想要独立的孩子感到束缚甚至想要挣脱。以上种种情况，需要每个家庭成员不断适应和调整，以确保家庭系统的良性运行。

## （三）家庭教育主题

家庭有一个重要的功能，就是教育功能。在家庭生命周期的每一阶段，对于有子女的家庭而言，家庭教育内容都是有所侧重的。不同年龄阶段孩子的身心发育水平差异很大，可比性小，关键要抓住每一阶段的家庭教育重点，对孩子进行与之相应的教育，才能达到良好的教育成效。怎样才能使孩子持续、和谐地发展呢？那就要求在持续一生的教育和发展过程中，家长既要把握好一贯的教育主题，又要明确每个阶段的主要矛盾，积极主动应对，为孩子的发展创造良好的家庭环境（参见表 3.2）。

**表 3.2　不同生命周期的家庭教育**

| 家庭<br>生命周期 | 周期的<br>基本状态 | 家庭教育<br>主题 | 解决的<br>主要矛盾 | 提示 |
|---|---|---|---|---|
| 前家庭期<br>（尚未成家，与父母生活在一起） | 家长抚养子女长大成人，子女从中获得基本的家庭观念 | 被父母潜移默化、先入为主的家庭教育观念影响，并影响一生 | 儿童不知不觉地学习了做父母的基本观念，家长要以身作则，树立好榜样 | 孩子身上的很多问题是家庭整个系统问题的反映 |
| 尚未生育子女的夫妻家庭 | 享受爱情生活并体会和探讨父母角色的意义 | 为做幸福的新爸爸、新妈妈而准备 | 对夫妻关系建立信心的同时建立初为父母的信心 | 年轻夫妻是否要做父母，是一道慎重的选择题 |
| 抚养 3 岁前子女的家庭 | 原来的生活、学习、休闲和工作秩序不断调整 | 精心呵护婴儿的健康和刚做妈妈的妻子 | 爱情的色调由浪漫变得朴实，家庭关系复杂多变 | 发挥男主人的家庭关系协调功能，男主人学做父亲 |
| 入园子女家庭 | 家庭生活逐渐恢复秩序 | 培养孩子良好的行为习惯，奠定优良的性格基础 | 调整对孩子的期望值与全面打好启蒙教育基础的关系 | 使孩子萌发积极的情感和态度，而不是单纯地学习知识和技能 |

| 家庭<br>生命周期 | 周期的<br>基本状态 | 家庭教育<br>主题 | 解决的<br>主要矛盾 | 提示 |
|---|---|---|---|---|
| 入小学子女家庭 | 事业正攀高峰，孩子接受义务教育 | 全面实施素质教育，知识和技能是手段而不是目的 | 在现行教育体制中探索素质教育的信念 | 素质教育以"德"为先，心理健康要维护 |
| 入中学子女家庭 | 上有老、下有小的家庭责任和处于骨干力量的工作责任 | 引导孩子树立正确的世界观、人生观和价值观；适应老年父母的变化 | 妥善解决来自两方面的亲子关系矛盾：中学生子女与刚退休的老年父母 | 作为中坚力量，平衡与子女和与父母的关系 |
| 青春期子女家庭 | 与青春期子女的观念冲突频繁 | 与孩子共建家庭规则 | 在代际矛盾冲突中寻找融合地带 | 家长稳定性与子女走向成熟状态的逐步稳定之间的冲突 |
| 隔代子女家庭（三代同堂） | 家庭规模扩大，三代人观念相碰撞 | 两代父母探索"隔代教育"的家庭价值观念 | 统一在价值观、教育方法和教育干预权限上的认识 | 家庭价值观的代际传递 |
| 空巢家庭（子女离家，只剩下老年父母） | 孝顺决定家庭生活质量 | 家庭价值体系结束检验的阶段 | 年轻父母给未成年子女树立孝敬榜样 | 身为老年人，接受自己身心变化，面对丧失 |

## 二、家谱图

　　随着子女离开父、母组建新的家庭、婴儿的出生，家庭的生命周期在不断变化中发展。为了展现家庭变化，可以使用家谱图，清晰地看到家庭成员的构成、变化，进而加深对于家庭的理解。家谱图是由系统家庭治疗师鲍恩在对家庭系统进行探索和研究过程中发展出来的，是理解家庭模式的实用工具之一。它是一个概要性的图解，表现了家庭有关信息，展示了家庭成员以及他们彼此之间的关系。

### （一）家谱图的功能

标准化的家谱图是了解家庭历史和家庭人际关系的通用语言。家谱图记录至少三代家庭成员的信息和他们之间的关系。家谱图可以将家庭信息直观生动地展示出来，揭示家庭生理的、心理的和社会的现状，把复杂家庭模式的完整形态快速地呈现出来。在关注当下问题的同时，家谱图有助于一个家庭从更宏观的视角来看待问题的背景环境和发展历史。通过对家庭系统的纵向检视，对先前生命周期的各个阶段做评估，对于家庭中出现的问题，我们可以通过"家庭发展模式"的背景去理解。

通过对家谱图进行分析，容易发现家族中哪些因素影响重要关系的丧失或重大家庭事件，造成了先前家庭关系的改变或之前的疾病模式，这些因素又对家庭结构和家庭模式产生什么样的影响和反作用。家谱图在代际家庭关系模式上给家庭提供了最初的理解，让家庭更加能够理解家庭系统中与几代相关的、潜在的情绪过程，家庭的主要转折点，如成员离世、重大丧失等往往是一系列家庭问题的开端，会影响几代甚至更多代人。

### （二）家谱图的内容

家谱图由一系列的符号、文字组成，能够反映家庭结构、了解家庭信息和展示家庭关系。家谱图至少要呈现两方面的信息：一是家庭结构信息，即家庭成员以及每个家庭成员的性别、年龄、教育程度、职业等方面的具体信息；二是家庭关系的信息，即家庭成员之间的相互关系，包括亲子关系、配偶关系、同辈关系等，以及关系的紧密程度，如家庭关系是亲密、疏离，还是冲突等。

在家谱图中，对于家庭结构的信息，通常男性用方框表示，女性用圆圈表示，并且把年龄标注在图示内；水平线代表婚姻情况，将结婚日期写在线上等。在家谱图中，通常通过以下图形表示关系信息：三条平行实线用来表现过度亲密（或纠结）的关系；一条波浪线代表冲突；点状虚线代表情感疏远；隔断的直线代表隔离（或阻断）。家庭中的重要事件的日期，如死亡、结婚以及离婚日期，是需要明确标注出来的，因为这些事件的情绪冲突会波及整个家庭，是家庭沟通的开始，也可能会成为家庭秘密，导致家庭成员之间的阻断。

　　绘制家谱图时，核心家庭的历史开始于父母的恋爱阶段，在此阶段需要探索：是什么让他们彼此吸引；他们最初阶段的关系是怎么样的；在那个阶段的问题是什么；孩子是什么时候出生的；父母是如何适应这个新成员的。特别需要注意的信息是，家庭曾经经历过怎样的压力以及他们是如何处理这些压力以及如何适应的。上述信息可以帮助评估家庭中慢性焦虑的强度，以及它是与繁重的生活困难事件更有关系，还是和较低的适应能力更有关系。

### （三）家谱图的应用

　　在使用家谱图对家庭进行评估时，通常是以系统化的视角进行的。在这种视角中，无论是健在或已逝的家庭成员都无可避免、无一例外地联结、纠缠在家庭关系的网络当中，所有家庭成员从本质上说都是相互关联的，没有任何的个人、任何的问题以及解决办法是完全独立存在的。

　　家庭模式会不断地重复运行。如果某些家庭成员处于与上一代人相似的家庭结构中，他们就很有可能再度重复上一代人的家庭模式，这称为家庭模式的"多代传承"。这种假说认为，前一代人的关系模式会给下一代人的家庭模式造成潜移默化的影响。例如，如果母亲在家里排行最小，如果她最小的孩子是女儿的话，她就可能会认同自己最小的女儿；如果一个家庭三代人中都出现过分居或离婚现象，这些家庭中的人很可能觉得离婚是很合理的事情。家谱图可以帮助人们探讨几代人之间的家庭功能、家庭关系和结构模式的延续和转变。

　　系统式的观点还包括家庭当下环境及其历史背景。家庭系统中"焦虑的流动"会沿着横向和纵向两个维度发展。对于个体而言，纵轴包括生物遗传和与生俱来的行为倾向，横轴则包含那些影响个体整个人生发展的经历——人际关系、迁居移民、健康与疾病、成功、创伤等。在家庭层面上，纵轴包括多代传承的家庭功能模式和家庭关系模式以及家庭历史，其中包括家庭中的各种态度、禁忌、期望、标签和家庭成员成长所承载的议题。这些都是生活中要面对的问题，如何处理和应对是问题的关键，通过情感三角化的机制来体现。家庭层面的横轴描述了随着时间发展家庭的变动状况，以及在面临家庭生命周期的变化和过渡时家庭是如何应对的。在社会文化层面，纵轴包括文化和社会历史、偏见、权力体系、社会阶层以及信仰价值观等，这些内容都在家庭中一代代地传承下去。因此，每个家庭既是社会的塑造者，也在发展中被社会塑造。家谱图将其直观地展现出来。

> **扩展阅读：父母—子女三角关系**
>
> 最基础的人际系统当属由两个人组成的关系系统。鲍恩等人指出，两个人的关系系统常常会不稳定；当面临压力时，两人通常会引入第三个人，通过与第三个人形成的一定关系使系统变得稳定。因此，情感系统的基本单元往往是三角关系，家谱图能够帮助识别出家庭系统中的三角关系，并且将三角模式如何由一代向下一代传递的情况展示出来。
>
> 家庭系统中，双人关系通常会发展成为三人关系，两个人组合起来与第三个人形成关系。特定的关系模式会补偿婚姻中的距离；代际间的联合与冲突会以某种方式相互协调。第三代子女可能会陷入跨代际的联盟和冲突中，该冲突影响他们与父母以及父母彼此间的关系。可以预测，除非他们努力去改变，否则这些子女会重复这种疏离的婚姻关系，并且在未来也会与自己的孩子形成联盟和冲突的关系。
>
> 父母可能通过关注子女来缓解紧张的夫妻关系。不管表现出来的情绪模式是什么，两个人因为第三个人而联合在一起，这个特征决定了它是否是三角关系。很常见的一种三角关系模式是父母中的一方与孩子结成联盟对抗另一方，从而使另一方变成"外人"。孩子会因此和父母中的一方形成融合的关系，而与另一方形成冲突的关系。

## 三、家庭结构

儿童的成长离不开家庭，家庭结构也是影响儿童的重要因素之一。家庭结构的改变，会对儿童产生极为重要的影响。

### （一）家庭结构的分类

1. 广义——成员组成

家庭结构从广义上划分，可以分为核心家庭、扩展家庭、主干家庭和联合家庭。

核心家庭，指一对夫妇及其未婚子女组成的家庭。核心家庭被认为是现代社会的产物，在当今社会中有不断增多的趋势。核心家庭的特点是人数少、结构简单、关系单纯。核心家庭的不完整形式为配偶家庭（未育/空巢）以及单亲家庭。

扩展家庭，指两对或两对以上的夫妇及未婚子女组成的家庭，包括主干家庭和联合家庭两种形式。扩展家庭是由父母和多对已婚子女组成的家庭或兄弟姐妹虽已结婚但仍合住在一起的家庭，实际上是由多个核心家庭联合而成。扩展家庭具有人数多、结构复杂、关系繁多的特点，家庭功能受多重相互关系的影响，但家庭内外资源的可用性增大，在家庭遇到压力时具有一定的保护性。

主干家庭，指两对或两对以上异代夫妇与未婚子女所组成的家庭。家庭由父母、夫妻、未婚子女（或未婚兄弟）组成。主干家庭的不完整形式为配偶主干家庭（无未婚青少年）和单亲主干家庭。

联合家庭，指两对或两对以上的同代夫妇及其未婚子女组成的家庭。包括父母、同代夫妇（≥2对）以及未婚子女。

2. 狭义——亚系统

家庭结构从狭义上划分，可以分为不同亚系统。如表3.3所示，家庭根据代际、性别和功能分为不同的亚系统。

**表3.3　家庭结构的不同亚系统**

| 亚系统 | 出现时间 | 主要任务 |
| --- | --- | --- |
| 夫妻亚系统 | 家庭形成 | 互补与适应，相互支持 |
| 父母亚系统 | 孩子出生 | 保证在孩子与夫妻之间形成清楚的界限 |
| 亲子亚系统 | 孩子出生 | 父母：养育孩子，制定、执行规则<br>孩子：遵从、服从父母 |
| 兄弟姐妹亚系统 | 第二个孩子出生 | 练习社会技能的第一个场所 |

亚系统是由人际间的界限来区分的，这些界限无形中调控着人们之间的互动。家庭结构会受到家庭规则的强化，通常的行为顺序都会以同样的方式呈现，改变它们中的任何部分都不会改变最基本的结构，但是改变这个潜在的结构将会对家庭互动产生连锁反应。

### （二）界限对家庭结构的影响

界限指的是结构家庭治疗中用于描述情感屏障的概念，情感屏障保护和加强个体、亚系统和家庭的完整性。家庭中的界限是为了保持相对稳定的结构，明确彼此之间的责任，让家庭功能变得更完整、更灵活，并不是为了在家人之间制造壁垒。

1. 界限与亚系统

僵硬的界限是限制性的，只允许与外部亚系统有很少的接触，导致亚系统与亚系统之间的分离。分离的亚系统是独立的、隔离的，限制了系统间的情感和支持。缠结的亚系统提供了亲密但是却让独立性受损，过分的亲密也让彼此失去了独处。夫妻亚系统必须建立一个界限，它可以使夫妻亚系统独立于父母身份、孩子和其他人，这个清晰的界限可以让儿童与他们的父母互动，但又把儿童从其父母亚系统中区分开来。父母同孩子一起吃饭、玩耍，分享彼此的生活，但同时又保留夫妻间独有的功能，确保夫妻私人空间不受侵入。在这个结构中，父母处于领导地位。

2. 疏离型家庭与缠结型家庭

在疏离型家庭中，界限是僵化的，在家庭成员有需要的时候，家庭也不会动员起来给予支持。疏离型的父母对孩子是不敏感的，往往要在问题变得非常明显时才能意识到孩子已经遇到了困难，比如孩子的学业困难、情绪失常，在问题没有凸显之前的各种迹象都会被忽略。通常，在疏离型家庭中，孩子常常会感受到被父母轻视和否定，产生自我怀疑，导致孩子的不自信，限制了孩子的发展。在缠结型家庭中，亲子关系的边界是混乱的，家庭成员互相依赖，彼此的个人空间界限不清，甚至亲子关系倒错以至于孩子成为父母的照顾者，因此父母会阻碍孩子独立性的发展，在解决问题时孩子过于依赖父母。

### （三）家庭结构对儿童的影响

大量的研究探讨了不同家庭结构下儿童的心理发展问题。有关离异家庭儿童心理发展的研究是这个领域探讨最多的问题。国内外的研究表明，父母离婚前的冲突、儿童是否暴露于父母的争吵之中等情况是比离异本身更为重要的因素，这些因素对儿童心理发展的影响作用远远超过父母离异这件事本身。也有研究表明，对有些家庭的孩子来说，父母的离异反而对其成长有利，如父母一方有攻击性、反社会行为，或者父母的严重冲突牵扯到孩子，或者孩子与父母一方的关系相当恶劣的情况下，离异反而能给孩子一个相对平稳的家庭环境。

对于离异家庭的研究表明，父母离婚对未成年的子女来说是一个严重的负性心理刺激，严重的会造成精神创伤，单亲家庭儿童存在着较多的心理健康危险因素，是潜在的心理、行为障碍高危人群。早期的研究几乎都发现，与完整家庭相比，离异家庭的儿童在心理发展上明显处于劣势，也就是说，父母离婚对儿童的心理发展具有非常明显的负作用。已有研究表明，随着年龄的增长，父母离异的负面影响逐渐加大。不同结构的单亲家庭之间还存在着一些差别。相关研究结果表明，单亲母亲家庭和单亲父亲家庭的家庭精神环境有一定的差异，单亲父亲家庭的亲密度、情感表达、成功性等显著低于单亲母亲家庭。

一项家庭结构变化对儿童影响的课题研究表明，家庭结构的改变导致家庭内生活压力明显，经济压力增大，单亲家长照顾子女时力不从心，容易导致孩子出现心理问题；单亲儿童存在一定程度的亲职教育缺失，性别角色认同的榜样缺失，导致家庭教育功能不能顺利实现。

## 四、家庭秘密

其实，每个人的心底都有一段深藏不露的信息，等待着要打破那长久的沉默。儿时开始我们就承受了家庭内很多不可提及的信息，长大后，又往往会制造自己不可告人的秘密。

——李维榕

美好的秘密对加深个体之间的感情很重要。必要的秘密可以划清边界感，让人感到舒适和亲密，也是对秘密持有者的尊重和保护。有害的秘密，如性暧昧、婚外情、私生子等，无论隐藏还是暴露，都会给家庭关系带来损伤，甚至造成家庭关系的破裂。危险的秘密，包括关于某些人的安全威胁，如自伤、自杀等，往往会给家庭带来重大的冲击，甚至会摧毁家庭系统。

秘密是有等级的，往往在健康的隐私到不健康的秘密之间。通常人们所说的秘密，都是给家庭带来不良影响的秘密。最常见的家庭秘密往往和性、信任、道德、法律、金钱等有关，如酗酒、吸毒、婚外情、堕胎、精神病、领养、家庭暴力、乱伦等。每有上述情况，家庭中的人都会守口如瓶，因为这样的秘密往往会让人感到羞耻、内疚，不希望被人知晓，因而人们尽力去掩饰、隐藏。

### （一）家庭秘密及其特点

一般来讲，家庭秘密限制了家庭互动模式的变化。秘密既创造了关系紧密，也导致了排斥的产生，如两个人之间的秘密会让两人亲密而排斥其他人，形成二人联盟，对联盟外的人形成壁垒。每个秘密都会导致现有关系的破裂，形成新的联盟。

在秘密中，有拥有秘密的人、共享秘密的人、被秘密排除在外的人和公布秘密的人，家庭成员被分为生活在秘密里的人和生活在秘密之外的人。无论是生活在秘密里还是秘密之外的家庭成员，秘密对每个角色都有影响，有的影响发生在意识层面，有的影响发生在潜意识层面。生活在秘密里的角色不希望秘密被人知道，要尽量保守秘密；而在秘密之外的人，有形或无形中被秘密影响，甚至会产生不确定的恐惧，或是好奇以至于探索秘密，导致双方生活受到影响。对于家庭来讲，为了保证家庭的正常运转，避免揭露秘密而带来的代价，家庭成员会对外界甚至家庭内部保守秘密。然而，秘密带来的创伤并没有消失，家庭成员甚至整个家庭功能都受其影响。

隐藏秘密并不容易，秘密深埋在家庭成员的潜意识中，家庭成员之间不同的沟通方式，通过言语或非言语的方式会揭示某些信息。从做出的反应、肢体语言到面部表情，都在讲述着家庭秘密，而在秘密中长大的孩子，从小被秘密无形地影响着，只能身处其中，被动接受。

关于秘密与症状的关系，有学者总结出症状假设的4个维度：

关于控制与支配。违法犯罪、怪异行为、暴力或有挑战性的行为等症状可以传达一种享有权利和主导的地位，同时这些症状也有维持和获得权利及主导地位的作用。如家庭中关于孩子的攻击和暴力行为被禁止，因为家人中暴力犯罪被法律惩罚。

关于爱与关怀。抑郁、焦虑、进食障碍等症状可以传递对关爱的需要。例如一位小女孩表现出言行与年龄不相符，这种症状使得女孩与奶奶保持亲密关系,因为孩子的母亲在孩子刚出生后不久就离家出走了;还有的孩子通过自伤行为,来表达自己对于关注和爱的需要。

关于爱与保护别人。自杀倾向、疏忽、癫痫发作式的愤怒,这些行为都可以引起家人关注、帮助甚至照顾,用这种极端的、激烈的方式来表达自己的需要而不是用正常的方式来寻求,通常都表明家庭功能的不良运行。例如一个家庭中的母亲自杀了,使得父亲一直陷入痛苦当中,家庭中女儿的自伤行为让父亲关注到女儿。

关于忏悔和宽恕。乱伦、性虐待、虐待狂式的暴力可以传给后代。犯罪者源于家庭系统中的传统和暴力文化,归因于历史背景,如贫困、战争和暴力等。

### (二) 常见的家庭秘密对个体的影响

#### 1. 性侵犯

性侵犯是个颇令人忌讳的话题,尤其是发生在家庭内部的性侵犯。最常见的性侵犯发生中熟悉的长辈与儿童身上,不单是女孩子,有些男孩子一样不能幸免,比如家中年长同性抚摸男孩的生殖器等。由于那些非礼者大都是亲属或者朋友,以至于儿童在事发时懵懂无知甚至不知所措,当这样的事情被发现,尤其是涉及家族中人时,有些父母会采取回避的方式来处理,没有力量直面问题,不能给受伤害的儿童以直接的保护。而不被亲人保护的创伤,往往比性侵犯本身更深地伤害到一个孩子。很多曾被性侵犯的人在谈起自己当时的感受时,都认为自己受到了父母态度的不良影响。例如一位被继父侵犯的女性,认为母亲对此事的沉默是一种帮凶行为,加剧了继父的行为,其内心特别希望母亲能够出面来保护自己。性侵犯往往会导致很多心理问题,如极度忧虑消沉、厌食或暴食。当这样的问题没有被很好地解决,甚至被否认、置之不理时,家庭甚至家族的人都会被这个无法言说的秘密控制,从某种程度上说,家人的否认就是对侵犯者的认同,结果导致整个家庭都是侵犯者。曾经被亲人性侵犯的孩子,其感受是非常复杂的,对亲人的反常接近更是爱恨难分。

#### 2. 家庭暴力

家庭暴力往往是没有人愿意面对的问题。即使不得不面对时,也会尽量降低它的严重性,不是否认它的存在,就是找借口去解释暴力为何出现。

无论是施暴者还是被施暴者，都不愿提及，不愿让原本充满甜蜜与温情的家成为战场。家庭暴力的对象可以是女性，也可以是男性，还可以是孩子，家庭暴力的对象并不总是女性，有研究表明，20%左右家庭暴力的施暴者是女性。家庭暴力不仅对遭受暴力的人有直接的伤害和影响，对于生活在暴力家庭中的孩子，即使没有挨打，他们在心理上同样会被暴力摧残。

### 3. 婚外情

在夫妻关系中出现第三者，是对夫妻关系的挑战，同时也是对亲子关系的挑战。婚外情会导致夫妻矛盾冲突严重，导致对信任、安全、依赖、控制等家庭议题的产生，严重的会导致离婚。身处其中的子女也备受影响，尽管子女是被养育的子代，但是在亲代的冲突中也难以独善其身，往往被动加入父母冲突的战斗。婚外情对子女的亲密关系态度、婚恋期待都会有不良影响。在有子女的家庭中，不稳定的家庭关系，其影响往往会波及多代人。

### 4. 同性家庭

从现代社会的整体来看，异性恋为人群主体，尽管同性恋已经被去病理化，但是同性恋群体仍常常会被社会污名，遭受歧视和偏见。基于几十年的学术研究，同性间吸引、情感和行为本身不是病理状态，它们本身也不与任何精神病理学有内在联系，目前全球有很多国家和地区已经宣布同性婚姻合法，但是在我国的传统文化中，依然有许多人对同性恋群体存在贬低、歧视、恐惧等态度。同性恋者需要面对的不仅仅是来自父母亲朋的压力，在亲密关系的建立和维持方面也要面临诸多挑战；如果同性家庭有孩子，也需要投入大量的精力来经营和建设亲子关系，因为同性父母对孩子的影响是不同于异性父母的。

每个家庭秘密都有一个自己的秘密关系网络，如何处理秘密是每个家庭都需要面对的问题。人们因秘密而改变，甚至为保守秘密而付出更多的努力以及代价，往往会伤及他人。问题本身不是问题，如何对待问题才是问题，如果人们能够正视秘密，尝试解决秘密，对秘密带来的不良影响甚至心理创伤进行处理，那么秘密给人带来的负面影响就会改变，在代际传递中的不良影响会逐渐降低甚至消退。家庭秘密的疗愈，不仅是家庭中某个人的事情，更是整个家族的事情。

# 五、代际传递

家庭对于个体心理发展具有重要的影响，一些学者提出了代际传递的观点。例如，美国家庭系统理论学者鲍恩最早提出了以家庭为单位的代际传递现象，提出了原生家庭对子女家庭的影响。他认为，个人过去在原生家庭中与父母的关系模式，将持续影响其未来的重要人际关系，且人们倾向于在亲密关系中复制早期在原生家庭中建立的关系模式，这种关系模式主要体现在子女的婚姻关系中。

## （一）代际传递的产生

代际传递也叫代际传播，是指上一代的心理特征或相关能力和行为传递给下一代的社会现象。从生物遗传视角看，人的外貌特征可以一代一代传递；从文化视角看，文化可以一代一代传递；从心理发展视角看，人的心理模式也可以一代一代传递。由此可见，代际传递的研究领域很多，其中，心理学家通过临床观察发现，儿童心理素质和社会性的素质，基本是后天通过体验、观察、互动、经历而习得的，大多数情况下，人际关系的质量和互动模式、亲密关系模式、婚姻模式、教育子女的方式等，都是潜移默化地从父母那里学到的，这就是家庭模式的代际传递现象。那么，代际传递是如何发生的呢？

### 1. 生物学理论

从进化及繁衍观点而言，人类的养育行为与环境相适应；从生物学角度而言，遗传及内分泌等均可能会对个体的教养方式产生影响。遗传学研究发现，基因是代际传递中重要的内容，近期越来越多的研究开始探索人类养育行为复杂性背后的遗传和表观遗传机制。早期逆境可能会影响母性相关的表观遗传基因的表达。如有研究表明，在个体妊娠期及产后，个体的内分泌水平也会有所变化，催产素被视为与母亲照料行为密切相关的激素之一，与母亲的养育敏感性、情感温暖及积极养育密切相关。个体早期不良经历可能影响妊娠后催产素的分泌，减少突触神经递质的分泌，从而影响涉及奖赏、情感、情绪调节的脑区，通过影响多巴胺奖赏环路使个体对儿童的回应敏感性降低。也有研究发现，不良早期压力与催产素的分泌对于育儿方式的影响具有交互作用。

2. 依恋理论

依恋是指一种广泛的情感联结，源于婴儿与其最初的照料者之间的互动。在早期与母亲进行情感沟通的过程中，孩子学会如何体验、理解和组织情感关系，这种能力在成人与重要他人建立情感关系的过程中扮演着十分重要的角色。有研究表明，成人依恋类型是社交焦虑障碍发生的核心因素，部分因素围绕依恋不同类型起着不同影响。依恋模式具有代际传递性，依恋模式的代际传递被定义为"根据特殊照料者有关依恋的心理状态，可以预测婴儿与其之间依恋关系的安全性"。父母是对儿童依恋模式影响作用最大的人，其中最为根本的影响因素是父母自身的依恋类型。

个体的依恋关系往往与其早年受到的养育方式相关，且会影响到育儿态度及行为。积极的教养方式通常与安全的依恋相关，而依恋的模式会在代际之间传递，安全型依恋的父母更容易养育出安全型的孩子。鲍尔比提出，婴儿对于照顾者的第一印象与自身安全感的发展相关，对于个人如何理解自己、重要他人及两者的关系十分重要。安全的依恋关系使个体对婴儿的信号具有更高的敏感性，有更好的解读和回应能力。在儿童时期被良好对待和回应能够使个体在为人父母后对于婴儿的反应更为良好和积极；相反，不良的教养方式可能与不安全的依恋关系相关，而对不安全依恋关系的内在表征会使个体在成为父母后对婴儿的回应质量降低。孩子哭泣时，可能会激活那些内在具有不安全依恋关系的父母对于危险、恐惧及烦躁的强烈感受，从而无法给予孩子积极的回应，而不安全依恋关系的内在表征多数发生在潜意识层面。

3. 社会学习理论

社会学习理论强调子代通过模仿来传递家庭中的信念、价值和行为规范，认为父母教养方式的代际传递可能建立在社会学习的基础上。个体处于儿童阶段时，会对情境及角色进行社会学习。如果在社会化和社会学习中遭受了父母的暴力行为，孩子就容易在亲子关系中建立暴力的角色特征，从而减少了建立积极人际关系的能力，可能会让他们在成人后在自己组建的家庭中再次成为受虐者或施暴者；相反，儿童如在早期受到较多的积极养育，学习到父亲或母亲良好的社会角色特征，可能会在其今后养育子女时得到复制。

4. 精神动力学理论

精神动力学理论主要认为儿童早期对于关系的体验是自我构建的重要基础，在父母教养方式的作用下产生的自我表征会持续稳定存在；精神动力学对创伤和不良教养方式的代际传递主要解释为"对攻击者认同"。个体在生命早期，可能会采取对攻击者认同的方式来减少创伤带来的焦虑、受挫和不愉快的情绪；在成为父母后可能会对攻击者进行模仿，继而采取消极的教养方式。由此，创伤和不良教养方式的传递发生在代际之间。客体关系理论强调，早年生命发展中，母亲作为儿童的主要照料者，在儿童自我意向形成的过程中起重要作用。儿童期常用的防御方式之一为分裂，如在心理上将母亲割裂为一个"坏的"与一个"好的"母亲。个体在成长的过程中不断更新对重要他人的图式，从而将客体的不同方面进行整合。如果个体由于早年负性教养方式的影响而固着在某一个发展阶段，未来可能会更多地使用如分裂这样的不成熟的防御机制。自体和客体无法完全分化使得个体无法在意识层面传递教养方式。当其成长为养育者时，可能会有各种问题表现出来，再次激发对于重要他人的分裂感受，使个体对于儿童的反应过于敏感，从而使用过度保护的教养方式，或在焦虑感受下采取疏远的教养方式。

5. 家庭系统理论

家庭系统理论认为，家庭是一个动态的、建构的系统，该理论强调互动因果关系，重视家庭态度、行为背后每一个家庭成员的思维、态度及行为对彼此的影响以及如何产生互相联动的循环模式。家庭教养方式传递过程中，父母和儿童可能存在替代性认同的过程。部分个体在早期发展中未能得到良好的照顾，会自觉承担起修复早期没有得到照顾的创伤的任务，过度承担父母未尽的责任，从而在养育儿童的过程中被迫处理早期分离的痛苦。此外，家庭角色的缺席会使得个体丧失对于父母角色的一致性，从而否认自身，对于个体及家庭的不稳定感，使其在潜意识层面重复不良的教养方式。

## （二）代际传递的影响因素

代际传递主要是环境与基因相互作用的结果，具有不确定性和个体差异性。虽然大多数研究证明代际之间的教养方式具有一致性，但有一些因素会对育儿方式的传递产生影响，促进或阻止不良方式的传递，如性别角色因素、婚姻质量、下一代的气质及外显行为等。研究这些风险及保护性因素能够帮助了解代际传递的过程，建立积极的育儿方式。

1. 性别角色因素

性别角色因素在代际传递中有重要的作用，父亲和母亲的角色对下一代的影响各异。在教养方式的传递中，相比男性来说，女性使用的教养方式与其被养育的方式更为一致，可能是由于女性在抚养孩子的过程中比父亲投入更多的时间和情感。

有研究发现，相比父亲来说，积极和消极教养方式的代际一致性在母亲身上更为明显。也有研究表明，在亲密度与矛盾程度上，父亲对于子女态度及行为的影响较母亲更大。有研究对家庭冲突进行追踪结果表明，当个体原生家庭中父母有较多冲突时，在当前家庭中与子女发生的冲突也更多。

2. 婚姻质量

良好的婚姻质量能够减少消极教养方式的传递。国外的研究表明，良好的伴侣关系能够减轻不良教养方式的传递；个体解决问题的技巧及夫妻满意度对教养方式的传递至关重要。个体良好的社会支持也能够减少暴力在代际之间的传递；相反，不良的婚姻质量会提高负性教养方式传递的可能性。国内的研究也发现，父母心理攻击均具有显著的代际传递效应，但受到了配偶态度的调节作用影响。

3. 下一代的影响

下一代的不良行为表现可能是消极教养方式传递的风险因素。在苛刻教养方式的家庭中，儿童表现出的情绪和行为问题更明显，这些适应不良的表现可能会强化消极教养方式的代际传递。国外对青少年母亲适应不良的养育方式进行研究，发现其与个体外化行为问题相关，从而延续了不良教养方式的传递。同时，与下一代良好的亲子关系可以作为阻断代际影响的缓冲器，促进以非暴力方式应对压力和冲突，并在困难时期成为情感支持的来源。有研究表明，个体即使接受了消极的养育方式，但与下一代良好的关系能够减少诸如苛刻、辱骂、拒绝等行为的传递；也有研究证明，良好的亲子关系，特别是父女之间良好的关系，能够阻断消极教养方式的代际传递。

### （三）各种不同特质的代际传递

对国内外代际传递效应的相关文献整理发现，在教育成就、传统价值观、儿童焦虑、依恋模式、创伤等方面都存在着显著的代际传递效应现象。

1. 教育成就的代际传递

国外和国内的大量实证研究发现，高教育成就父母的子女往往具有更加高的学历和成就。研究者认为，主要由于这些高教育成就的父母更加注重培养孩子学习的意识、拥有更多的资源、营造良好的环境以及具有良好的教养方式。教育成就的代际传递研究主题多种多样，研究人员查阅了大量相关文献，对以下两个方面进行了综合研究：一是研究子代获得相关教育资源并促进其发展、与父代教育程度的关系；二是分析和比较父亲文化水平与其后代学业成绩的关系。教育成就是一种后天的、社会的因素，这种因素不可以由先天得来，但可以经过后天努力得到，由于父母也是子女的教育者，父母教育成就的不同势必会影响子女的教育成就，这就是教育成就的代际传递过程。

2. 价值观的代际传递

相关实证研究表明，传统价值观存在较强的代际传递效应。价值观是靠一代代的人来传递的，单靠一个人又是不能够完成传承的，只有当人与人结合成家庭，繁衍了下一代，才构成了实现代际传递的物质基础。文化的代际传承现象和化学遗传非常相似，即亲代的价值观和文化会被子代通过各种学习方式和认知方式传承和扩散下去，下一代人是被传递的预备对象。一些行为主义者认为，儿童正处于个人社会化的过程中，能够近距离观察的第一个对象通常是父母。父母行为和行为的结果是儿童观察的主要对象。反过来，孩子们会产生各种学习和模仿父母的行为和心理。因此，对于文化价值观而言，父母和早期因素的代际传递起了至关重要的作用。国外相关的实证研究发现，文化价值取向、传统价值观和宗教信仰都具有强烈的代际传递效应。

3. 焦虑的代际传递

理论和实证研究都表明，焦虑具有代际传递性。观察学习理论认为，儿童能观察、模仿父母对环境刺激的恐惧、忧虑反应，进而习得类似的行为表现。在实证方面，一项关于抚养儿童的焦虑父母的研究发现，父母患有焦虑症，其孩子患焦虑症的可能性是普通儿童的7倍；一项针对焦虑儿童父母的研究发现，患有焦虑症的孩子，其母亲患焦虑症的可能性是其他母亲的三倍。另外，在母子焦虑的代际传递中，心理控制成了一个重要的中介因素。儿童能直接从母亲处获得母亲焦虑，同时也能通过母亲一定的心理控制而感受到焦虑的减少。

4. 依恋模式的代际传递

有研究表明，通过成人依恋访谈评定得出的父母的依恋模式，往往与其子女的依恋模式一致；父母双方是否都是不安全的依恋模式，决定了他们的孩子不安全依恋风格的可能性有多大。

5. 创伤的代际传递

创伤源于希腊语中的"损伤"，既可指由某种直接的外部力量造成的身体损伤，也可指由某种强烈的情绪伤害所造成的心理损伤。创伤性事件的影响不会终止于亲身经历创伤性事件的当事人，也会波及处于该环境中的重要他人。

代际创伤指的是通过创伤后应激综合障碍的机制，从创伤事件的第一代幸存者转移到他们的下一代，以及再后代子孙的创伤，这个过程也被称为创伤的代际传递。由于这种影响最多可能普遍发生在父子、爷孙之间，所以一般研究的范围也限于三代之间。对代际创伤的研究始于20世纪60年代。研究者在针对"集中营综合症"进行研究时，发现集中营、大屠杀幸存者的孩子中也出现了大量寻求精神援助的情况。随后，研究者发现，代际创伤有可能会影响到第三代，比如，大屠杀幸存者的第三代（孙辈）在儿童精神诊所求助的比例是普通人群的3倍。

目前，关于创伤代际传递的研究可大致分为两类。一类是基于广义的创伤，即广泛性的创伤性事件，不具有特定的时代背景，如抑郁、攻击和反社会性行为、虐待、犯罪及物质滥用等，这一类创伤具有普遍性。另一类是基于狭义的创伤，即特定的创伤性事件，特别是集体性的重大创伤性事件，如大屠杀、战争、恐怖事件等。这两类创伤并不能截然区分，第二类创伤的代际传递具体到每个家庭来说，也会表现为第一类创伤的传递形式，如通过养育方式、依恋类型、沟通方式等进行传递。

家庭系统模型认为，创伤通过沟通传递了家庭成员之间相互缠绕和羁绊的关系。在封闭且狭小的交际圈内，父母和孩子经常替代性认同，父母通过孩子存活，孩子体验父母的创伤，边界模糊混乱，以致父母无意识拴住孩子，孩子既愤怒又内疚地照顾父母，甚至父母和孩子的角色发生互换。而这些都发生在无意识层面，通过非言语的、模糊的、内疚导向的沟通方式一唱一和。过度的沉默导致很多创伤者后代难以用语言来表达和父母交往时的感受，而只是"难以名状的悲伤和恐惧"。同时，沉默也意味着否定和冷漠，将引导孩子形成怯懦和退缩的行为方式。另一种极端的沟通方式是过度公开与创伤相关的细节，并且缺乏正确的引导，特别是年幼的孩子无法消化大量的负面信息，并且会通过想象夸大事情的恐怖性。另外，家庭氛围，如持续的家庭暴力会产生长期的消极影响；家庭角色的缺席，包括身体和心理两方面的缺席；家庭角色不稳定，如父母突然变得回避冷漠或易激惹暴怒，让孩子丧失对父母角色的一致性，变得不知所措或者归咎于自己；家庭结构不稳定，父母关系因创伤事件的影响而糟糕或破裂，都会对孩子的成长和发展造成不良影响。

## 第四章

# 核心家庭

　　核心家庭是指由一对夫妇及其未婚子女组成的家庭，父母与子女可以是血缘关系，也可以是收养关系。核心家庭中的成员包括父母和未成年的一个或者多个子女。那么对于孩子而言，父母或者父母的替代者、自己以及自己和兄弟姐妹的关系、父母与自己以及其他子女之间的关系，对每个孩子的成长都具有重要的影响。核心家庭是一个整体，每个成员都是家庭的重要组成成分，对彼此有着重要的、不可或缺的意义。

## 一、客体

　　对于孩子而言，父母或者重要抚养人都是客体。那么，什么是客体呢？
　　客体是客体关系理论中的一个重要概念。客体（object）这个词最初是弗洛伊德在讨论本能驱力和早期母子关系时采用的，当时仅涉及某种本能需要的满足，也就是说，客体是本能得以满足的对象。这个客体既可以是人，也可以是物。更广义的客体则是指一个人的情感或驱力所指向的某个特定的人或物。在客体关系理论的框架里，客体是一个与主体（subject）相对应的概念，是指某个体的愿望或行为所指向的人，而不是一个非人化的物。客体关系则指人际关系以及塑造某个个体当前人际互动特征的既往人际关系在其内心世界的痕迹。
　　客体关系理论是"从精神分析的角度来研究人际关系以及内在精神结构是如何从过去的人际关系中成长起来的"的一种理论。广义地讲，客体关系理论涉及人际体验对人的精神结构的影响；狭义地讲，客体关系理论则是在精神分析范围内研究精神结构是如何以内在客体为基础而形成的过程。客体关系理论的重点放在个体心理发育的早期，放在婴儿与母亲的关系方面，如婴儿是如何在与母亲这个最初的客体的互动中形成其内在表象的；其心理结构是如何形成的；这种内在的心理结构是如何表现在个体当前的人际关系中的等。该理论认为，正是这些早期的人际关系塑造了个体现实的感知和人际关系，个体不仅与现实的客体互动，也与那个内在的客体互动。在核心家庭中，从孩子的视角看，孩子是主体，父亲和母亲是孩子的客体，父母与孩子形成的关系就是客体关系。父母不仅是孩子的外在的、现实的客体，也是孩子内在的客体。当父母在孩子面前时，父母会以外在客体的形式对孩子产生影响；当父母不在孩子面前时，父母会以内在客体的方式对孩子产生影响。

## （一）客体关系理论对儿童内在精神世界的理解

对于孩子而言，最早的客体是母亲，在生命早期，最重要的客体也是母亲。

在客体关系理论以前，精神分析的经验主要来自成年神经症患者，主要的研究与治疗重点集中在俄狄浦斯情结期的"三角关系"，也就是母亲、父亲与孩子三个人之间的关系。在客体关系理论中，关于关系的焦点提前到俄狄浦斯情结期以前的婴儿与母亲的"二元关系"，聚焦于母亲和婴儿之间的关系，强调母婴关系的质量对婴儿的影响。客体关系理论家相信，个体的精神发展过程是在非常早、非常短的时间内完成的。初生的婴儿在心理上与母亲处于融合状态，在生理上高度依赖母亲的照料，婴儿通过母亲对他的抚养来理解外部世界。在婴儿的内心世界里，婴儿一开始时将母亲分成了两个部分：一个是适时地喂养他、全面照顾他、让他舒适的好母亲，这个好母亲是婴儿外在世界的一切好的事物的代表，母亲是好的，外在世界也是好的，因此婴儿同时觉得自己也是好的；相反，如果母亲不能够给婴儿提供好的、适时的、舒适的照顾，则母亲就是一个坏母亲，母亲所代表的外在世界也是坏的，同理，婴儿认为自己也是坏的、不好的。随着时间的推移，婴儿逐步成长，随着感知和情感功能的发展，他逐渐能把同一客体的各种不同特征整合在一起，逐步形成对母亲的完整客体表象，而不再是分裂的两部分。与此同时，婴儿的自我意识也在慢慢发展，逐渐意识到他和母亲并不是一个整体，而是不同的两个人，自己是自己，母亲是母亲，于是婴儿就开始有了自我与非我的意识，并在此基础上形成了所谓的自我表象。在婴儿形成其最初的精神世界的过程中，母亲对婴儿适时的照顾极为重要，对一个足够好的母亲来讲，婴儿几乎是她自身的一部分，照顾婴儿是她的首要任务，其重要性已经超过了对自身的照顾。正是由于足够好的母亲向婴儿提供了足够的照料，成功地适应并满足了婴儿的各种需求，从而激发了婴儿自恋性的全能感，认为周围的世界是围绕自己运转的，而这种无所不能的全能感使婴儿逐渐可以信赖外部世界，并与真实的外部世界建立起真实的客体关系。人的精神结构起源于客体关系，尤其是婴儿与母亲关系的不断内化。

## （二）重要客体

在客体关系理论中，母亲是婴儿的重要客体；同时，具有母亲功能的成年人，也是婴儿的重要客体。因此，从客体关系理论视角来看，客体就是婴儿的照顾者。对于绝大多数处于婴儿期和幼儿期阶段的孩子来说，其主要照顾者多是母亲和父亲；当然，每个家庭都有各自的现实情况，也有的孩子因为种种原因，由单身的父亲或者母亲照顾，由隔代的祖父母照顾，或由养父母或者其他人亲属照顾。从客体关系理论看，照顾者对婴儿的照顾质量，决定婴儿的人格发展水平，决定婴儿是否能够发展为一个独立的、健康的人，因为照顾者的个人因素会影响这一重要角色功能的发挥，如性别、性格、与自己父母及兄弟姐妹的关系、生理健康和心理稳定性水平、人际关系状况、解决问题的能力、工作能力及对工作的满意度等人格状态、现实功能等都会影响孩子的照顾质量。因此，处于不同心理健康状况下的客体，在照顾孩子时对孩子形成的心理影响是不同的。

### 1. 完整家庭的父母

心理学很多研究表明，父母双全的完整家庭对于孩子心理状况具有诸多的益处。作为父母，其基本工作就是照顾子女，全力满足孩子的需求，真心为孩子付出，做孩子的依靠。父母是核心家庭中的重要成员，除父母各自的个人因素外，夫妻之间的和谐程度、夫妻关系的质量、教养方式以及解决家庭冲突的方式等，都对孩子具有重要的影响。每个家庭都有各自的情况，夫妻关系的质量也各有不同，有些家庭温暖和谐，有些家庭剑拔弩张，这些都会成为孩子内心世界的一部分，甚至成为孩子人格的一部分。因此，父母首先是孩子的生理父母，具有一定的血缘关系，对孩子的生活进行照顾，与此同时，父母更要成为孩子的心理父母，能够给孩子提供温暖、支持、促进孩子成长的家庭氛围，发挥父母这个角色应有的功能。为人父母是一个过程，是父母与孩子之间的互动，在孩子的成长过程中彼此影响，互相塑造。

### 2. 单亲家庭的父母

单亲家庭中的父母，不同于完整家庭的父母，之所以成为单亲家庭，每个家庭都有自己的原因，有些家庭是因为夫妻离异，有些家庭是因为夫妻一方生病离世，有些家庭是因为遭遇意外变故等，每个家庭都有自己的故事，但是被动身处单亲家庭的孩子没有选择，只能接受单亲家庭的现实，被单亲家庭的氛围所熏染，并在其中成长。

与双亲家庭的孩子相比，单亲家庭中长大的孩子通常更具责任心，并且会抛开刻板的性别模式，承担更多的责任。因为单亲父亲或母亲独自承担养育孩子的责任，在面对工作、生活压力和冲突时，父母角色兼具，因此在日常中对孩子的要求和影响，也无形中让孩子发展出兼具男子气和女子气的行为，这可能会使他们的孩子在社会化过程中发展出非传统的灵活的性别角色价值观和行为。在单亲母亲家庭生活的孩子也有可能有较好的情绪调控能力和高水平的自尊，其智力发展水平也与同社会经济地位的其他儿童相当，其青少年犯罪率也与同社会经济地位的其他儿童相当。对单亲父亲家庭的研究结果表明，大多数男性作为单亲父亲感到很自在并完全能够胜任，这些男性非常喜爱并亲近自己的孩子，非常乐于身为父亲，并能够很好地实现单亲父母的工具性和表达性功能。上述研究表明，不能绝对地说在单亲家庭中长大的孩子会比双亲家庭中的孩子发展得差。

同时，有研究发现，与双亲家庭相比，单亲母亲家庭更有可能陷入贫困，压力水平较高，社会融入程度较低。由于较低的赚钱能力，缺少父亲对孩子的支持，单亲母亲家庭的经济状况通常会更差一些。与双亲家庭孩子相比，在单亲母亲家庭环境中长大的孩子，在成年后更有可能陷入贫困，成为单亲父母的可能性也更大。单亲母亲家庭面临的主要问题是经济上的贫困和内心的羞耻感，作为一个普遍社会问题，贫穷可能与儿童的学业问题和青少年犯罪相关联，也同样与母亲自身处境的糟糕态度和失控感相关联；没有父亲的羞耻感造成了儿童的低自尊感，对于孩子而言，即使是很小的问题，甚至是没有问题的状况下，也很有可能被贴上有问题的标签，从而产生负面影响。

对于单亲家庭中的单亲父亲或者单亲母亲而言，离婚或丧失配偶无论怎么说都是人生的一种不幸，尤其是，离婚常被父母视为自己人生道路上的一次失败，会影响到父母的心情，并进而影响到孩子，使孩子承受过多压力。生活在单亲家庭中的孩子，在同学间容易受歧视，容易导致善妒、易怒、缺乏安全感、性格偏激；有些单亲父母的补偿心理或期望过高，使孩子感到惶恐；在孩子成长的过程中，缺乏对性别角色的认同与学习；父母婚姻不幸，使子女对交友、恋爱、结婚成家持不信任态度，甚至不敢尝试。有研究表明，受父母离婚影响的人，心理健康水平较低、结婚率更低、离婚率更高、与父母关系更差、受教育程度和收入以及职业声望等社会经济状况都会更低。

### 3. 祖父母

隔代抚养，一般是指祖辈对孙辈承担主要的抚养与教育责任，包括完全由祖辈抚养或者祖辈承担大部分时间段的照顾。祖父母成为孩子重要的客体，多出于孩子自己的父母因工作无法照顾、经济压力、父母离异、丧亲等原因。当生理父母缺位时，祖父母接替了孩子父母的职责，成为孩子心理上的父母。

隔代抚养对孩子的成长而言，有弊有利，不同的研究结论不同。有研究显示，隔代教育在儿童发展上起到一定的积极作用，如英国的一项研究对英格兰和威尔士的中学生进行取样，发现在单亲或者继亲家庭中祖辈养育人承担责任越多，青少年的适应困难越少。也有研究对亲子养育和隔代养育两种方式的青少年进行取样分析，发现该两类青少年整体心理健康水平没有明显不同，说明不同养育方式对被养育者远期心理健康的影响有限。还有研究表明，如祖辈在情感上太过溺爱孙辈，导致儿童不考虑别人的需要，更为自我。由于年龄以及身体健康等方面的问题，祖父母喜欢安静，发起和参与儿童的活动有限，这样就会导致儿童缺乏创造性、自信心下降等；隔代抚养的儿童在性格、人际关系和社会适应等方面都不如亲子养育的儿童。

通常而言，隔代抚养易造成孩子与父母之间的亲子隔阂。如果因为父母长期不在孩子身边而使孩子成为留守儿童，由于长时间被祖父母照顾，长期的分离或者间断的亲子教育使得父母与孩子的沟通不畅，亲子之间难以形成稳定安全的亲子依恋关系。有研究表明，隔代抚养家庭中的儿童对父母的感情不如核心家庭来得亲密；隔代抚养虽为孩子的父母们减轻了抚养负担，但不可避免地对孩子的身心成长，特别是子女与父母间的亲子关系带来一定影响；在隔代抚养家庭中，祖辈承担了大量的"父母角色"，原本从父母处得到的情感不能够正常满足，长此以往必然会影响亲子关系的正常发展，会出现亲子沟通不畅、孩子与父母信任感和亲密度不高等问题。同样，祖父母与孩子之间不仅年龄差异大，而且在观念上的差异甚至冲突也会非常明显。

被祖父母抚养的孩子，有可能在其未成年时即面临祖父母去世的丧失。祖父母和孩子的年龄往往差异很大，随着时间的流逝，祖父母的身体状况变差以及去世，对于孩子而言往往是一项重大的挑战。如果孩子还没有成年，其人格状态还没有基本稳定，加之与自己父母的关系疏离，对于未成年的孩子而言，他们就要面临人生中重要客体的丧失，有可能需要一段长时间的修复过程，严重的会造成心理创伤。

## 二、家庭排行

作为核心家庭，父母之外的重要成员就是孩子。毫无疑问，孩子对于这个世界而言，是有价值的。

### （一）孩子的价值

孩子是让人类物种得以延续的前提。从进化论的视角看，孩子让人类这个物种的遗传物质随着繁殖一代一代流传，没有孩子，人类物种将无法存在，不能延续下去。因此，生孩子是人类的动物性本能之一，具有一套进化而来的系统。首先，作为自然界的一个物种，人类个体具有基本的遗传物质，具备了生理上的生殖条件，甚至为了能够提高生殖成功的概率，会发展出一些行为和外部条件，比如为了更赏心悦目，更具有竞争力，女性进化出吸引男性的腰臀比例。其次，孩子能够带给父母一定的近亲利他行为，比如在和孩子的接触过程中，父母能够感受到良好的心理感受，这种在与婴儿互动行为中产生的良好的生理反应让人期待。最后，孩子可以让人产生积极的情感反应，比如被肯定、被尊重甚至获得一定的社会地位，因为有孩子在一定程度上符合大众的期待，可以反映并强化个人的能力和地位，增强人们的抚育意愿，进而提高了孩子的成活率。

孩子对成人的投入是有反馈结果的，这结果会使得成人去拥有更多或更少的孩子，对生育没有严格控制制度的社会尤为如此。当养育一个孩子可以带来较多的好处，比如财富的增加、家庭实力的增强，个体和夫妻想要孩子的愿望和积极态度的表达会更高。因此有孩子是个人理性选择的过程，如果养育孩子需要投入很少同时又会带来很多好处时，个体和夫妻便会想要更多的孩子。当生孩子需要付出更多时，比如养育成本高、生活质量的严重下降甚至养育困难等，生育率就会比较低。

孩子和社会环境有关。如当孩子对生产活动有较高的经济价值时，比如早期农业社会，出生率就高，因为在农业社会，孩子代表着劳动力，孩子多就代表可使用的劳动力多，能够获得更多的资源，而现代社会的资源获得则不是如此，甚至养育的成本增加，那么生孩子的愿望就产生了变化。当文化和政治疆界受到威胁时，社会就会鼓励多生孩子，提高生产率可以提高将来的战斗力，同时志同道合的人建有凝聚力的社会群体，有助于在一代又一代人中传承文化价值观，能够让种族文化得以延续。

## （二）家庭规模

根据家庭中孩子的数量，家庭规模分为独生子女家庭和多子女家庭。家庭中孩子数量不同，家庭动力不同，因此对孩子成长的影响也不同。

独生子女家庭。独生子女家庭就是有一个孩子的家庭。从研究来看，独生子女会觉得生活很有激情、很快乐，觉得身体很健康，能从生活中、工作中和家庭活动中得到满足，也能从朋友关系以及从自己的身体健康状况中得到满足。有研究表明，独生子女的智力发育更好，没有突出的人格缺陷，更有可能觉得自己是快乐的，而且可能从工作、生活和健康这些方面都得到满足。通常而言，独生子女只有生活在因家庭不完整而经济状况不良的环境中，或者在出生时母亲就存在身体健康或心理健康方面的问题时才容易出问题。通常而言，在家庭背景相似的情况下，独生子女会比有兄弟姐妹的孩子更优秀。

多子女家庭。有研究表明，家庭中的子女越多，孩子在校学习年限越少。增大的家庭规模对孩子的教育会有消极影响，资源稀缺假设对这种现象进行了解释。该理论认为，大家庭里的孩子只能得到稀释了的家庭资源，而小家庭能让家庭资源集中。研究表明，父母的人际资源（比如谈话的频率、教育期望、认识孩子的朋友及父母等）都会受到多子女的消极影响；父母的经济资源（比如拥有电脑、书籍、参加课外课程、旅游）也会因家庭多子女而受到消极影响。多子女家庭中的孩子，其能够获得的父母资源会因家庭成员的增加而减少，其在学校的表现受到父母关注的程度、父母参与孩子学校生活甚至父母与学校的交流沟通等情况也会因家庭成员的增加而减少。此外，即使大家庭里的孩子和小家庭里的孩子享有同样水平的父母资源，他们能得到的好处相对来说也会更少。

有大量证据表明，家庭规模和儿童教养、虐待、忽视、犯罪、健康等有关。有研究显示：在大家庭中，抚养孩子的过程中规则更多，个性化更少，体罚更加普遍，而时间及金钱资源则更加有限；违法的孩子更多；至于健康方面，大家庭中围产期发病率和死亡率更高，而且母亲发生身体疾病的风险也更大。来自小家庭的孩子更有可能有着较高的智商，在学术成绩和职业表现中更容易取得更高的成就。

## （三）同胞关系

同胞关系是每个人最早的朋辈关系，也是人生中陪伴最长久的关系，这种关系会成为每个人人生中和其他人建立关系的模板，包括同学关系、朋友关系、同事关系、亲密关系等，会影响人的一生。对于个人而言，在同胞中处于的不同出生次序，对其行为和态度起着重要的影响。

### 1. 排行老大

老大是家里的第一个孩子，父母对于老大是有很多期待的，这种期待会渗透到哺育的各个环节中。他会是父母的核心，父母的一切都会围着他转。因为老大是第一个孩子，所以父母会竭尽全力照顾好孩子，极力满足孩子的需求。老大会从父母身上感受到他们对自己的期待，所以老大通常会表现得认真和负责，非常踏实，具有一定的使命感，非常讲究效率。也因为自己是家里的唯一，父母是他的唯一榜样，老大通常会成为一个"小大人"，极力模仿父母，和其他的弟弟妹妹比较起来，会较为保守。为了完成父母对他的期待，他不得不让自己变得优秀卓越，因为自己努力了才会让父母的心愿达成。当家里有了其他的弟弟妹妹，老大可能会觉得有危机感，因为弟弟妹妹的出生，他不能继续独占父母的关爱，这样可能会让老大觉得自己被父母抛弃了，自己的关爱被新来的弟弟妹妹给抢走了。

老大可能会通过在父母面前撒娇或者其它的幼稚行为来引起父母的注意，但当父母看到一个和之前反差很大的老大时，会给他更多的斥责、责备和否定，这也会造成老大更加坚信，是因为弟弟妹妹的到来才让自己失去了父母的关爱，对父母不满的同时也会对弟弟妹妹更加不满，可能会继续制造事端，继续对弟弟妹妹憎恨。

由此可知，老大通常都是希望被关注、具有独占想法的人。老大的特质通常取决于父母的性格特质，如果父母对他严苛，而老大全盘接受，则会使得老大会比较听话，懂得讨好父母；如果老大对父母的严苛极力反抗，则会让老大成为敢做敢当、独断专行的人。

因为老大经常被父母塑造成弟弟妹妹的榜样，所以父母对老大的要求格外严格，这也会使得他们受到的惩罚很多。有些老大比较不喜欢自己成为父母的替代品，在家庭中处于"保姆"的地位，因为这种角色会使得他们失去童年的快乐和自由的天性，而过早地扛起成年人的责任。

2. 排行老幺

父母的最后一个孩子——老幺，通常是轻松自由的，被父母宠爱的。父母对于老幺，会期待他在最自然的状态下生长，较少干预他的事情，但是在父母看来，老幺是最需要保护和宠爱的孩子，也因此老幺通常不会懂得担负责任，往往缺乏使命感和目标感。

老幺没有老大的保守，没有排行中间的存在感危机，所以更加自由和开放，老幺的特点通常是聪明、活泼、自由、乐观、自我中心。老大通常通过优秀和成就来找自己的存在感，中间的孩子通常通过经营关系来获得自己的存在感，而老幺则通常在非传统领域里面去找存在感。

3. 排行中间

很多时候排行中间的孩子是独立的、自由的，懂得与老大和老幺结交，善于处理人际关系，非常看重关系的处理。

由于处于中间的位置，并不会受到父母过多的关注，所以他们不会像老大一样背负父母过多的期待，反而可以自由地成长，有更多的机会去追寻自己的理想。处于中间的孩子可能会发展很多自己的兴趣爱好，会有很多朋友，因为这样能够让他们更加容易找到自我和价值。他们期待公平和公正，因为在他们看来，他们得不到父母对老大那样的期待，也得不到父母对老幺那样过分的宠爱，所以他们希望自己可以从父母那里获得公平和公正的爱。

中间的孩子在有了自己的家庭和孩子之后，通常会非常在意家庭关系，希望自己的家庭是温暖和温馨的，亲情对于他们而言格外重要。在工作上，他们不会像老大那样保守，也不会像老幺那样任性，他们会非常理性、自由和稳妥地处理自己的工作。

国外的研究表明，一般来说，头胎出生的孩子智力较高，而且自尊心更强，特别是头胎出生的女孩比较严谨，在性方面也更加保守，更加趋向于传统女性角色，而且更乐于与成人交往。最后一个出生或者最年轻的孩子，如独生子女，对待性的态度更自由，更有可能参与社会活动，访问朋友的频率更高，更乐意使用媒体，而且一贯更不拘泥于传统。中间出生的孩子，自尊心水平明显低于首先出生的和最后出生的。兄妹间有一岁或者三岁的差距，相比两岁的差距，更加有利于孩子自尊心的培养，同样，只有姐妹的家庭比只有兄弟或者有兄弟姐妹的家庭，更有利于自尊心的培养。中间出生的孩子之所以自我评价水平较低，可能是基于这样一个理论：第一个出生和最后一个出生的孩子的独特性能促进父母和兄妹对其赞赏和关注，中间出生的孩子缺乏这种与生俱来的独特性。

但是不管出生顺序如何，拥有兄弟姐妹是不能忽视的。很显然，兄弟姐妹对个体的社会化有重要的影响，对彼此也产生影响，因为互相之间扮演着朋友、同伴的角色，同时也对父母产生了影响。从一方面说，兄妹关系是恒定的，如陪伴和情感支持，但是从另一方面来讲，比如看管照看、同胞竞争，在生命过程中则是不断变化的。兄弟姐妹之间的关系在他们的生命中是无可替代的，因为他们有着共同的遗传基因和社会传统，还有共同的早期家庭生活经历。

### （四）关于同胞竞争的进化论解释

进化理论表明，孩子是父母繁殖成功的主要载体，但同时父母和子女之间也存在冲突。其原因在于，子女想得到的资源会超出父母愿意提供的资源量。

人类是有性繁殖的物种，父母和后代有50%的遗传相关度。如前所述，父母和子女的遗传相关度构成了某种选择压力，最终塑造出强烈的亲代抚育机制，也意味着，父母和子女之间有50%的基因差异。因此对父母和子女而言，双方心目中的理想行为很难达成一致。具体而言，父母和子女将在如何分配父母的资源上产生分歧，这导致的典型结果就是，子女想得到的资源会超出父母愿意提供的资源量。

可以用一个数字的例子来阐述其中的逻辑。假设一家有两个孩子，这两个孩子的繁殖价值相同。他们的母亲每天可以采集到两份食物来喂养孩子。在资源较多的情况下，随着资源消耗量的不断增加，每份资源所产生的收益会逐步递减。也就是说，吃掉的第一份食物的价值要高于第二份食物的价值。如，第一份食物可以让孩子不用挨饿，而第二份食物能让孩子吃饱一些或者长胖一些。所以说，第一份食物能使孩子的繁殖成功提高四个单位，而第二份食物将会使之再提高三个单位。不论是第一个孩子或是第二个孩子吃这些食物，那也会产生相同的结果，因为每次增加等量的食物会使收益递减。

因此，从孩子母亲的视角来看，理想的分配方案是两个孩子各得一份食物。这样，母亲就能获得八个单位的净收益，四个来自老大，四个来自老二。但是，如果老大或者老二独享所有的食物，那么母亲的收益就只有七个单位（第一份的四个加上第二份的三个）。因此，从母亲的角度来看，对两个孩子平均分配食物才能产生最好的结果。

然而，从老大的视角看来，其繁殖价值是自己兄弟的两倍：老大拥有自己100%的基因，而老二（平均而言）只有老大50%的基因。因此，在母亲的理想分配方案中，老大能够从自己身上获得四个单位的收益，同时只能从兄弟那里得到两个单位的收益（因为老大只能从兄弟的收益中获得50%的比例），总共获得六个单位的收益。然而，如果老大设法得到所有的食物，他能就获得七个单位的收益（四个单位来自第一份食物，三个单位来自第二份食物）。所以，从老大自身的角度来看，理想的分配方案应该是自己得到所有的食物，老二同胞兄弟一无所有。如此一来，老大的理想模式就和母亲的平均分配的理想模式产生了冲突。

亲子冲突理论预测，每个孩子想从父母那里得到的资源，通常都比父母所能提供的资源更多。比如兄弟姐妹的繁殖价值不同，或者独生子女家庭，如果父母一味地迎合子女的理想分配方案，那将会切断父母获得繁殖成功的其他渠道。父母和子女对资源分配方式的冲突不仅发生在特殊的时期（比如青春期），而且存在于每一个人生阶段。

亲子冲突理论产生了一些可以验证的具体假设：（1）父母和子女在断奶时间上存在冲突，父母一般希望孩子尽快断奶，而孩子却希望持续性获得乳汁让自己长得更健壮，因为哺乳期的母亲受孕的概率低于不哺乳的母亲；（2）孩子在天性上往往更重视自己，注重自己的利益，但父母总是鼓励孩子要重视自己的兄弟姐妹，希望能够实现孩子们之间的平等状态；（3）父母通常倾向于惩罚子女之间的冲突，奖励他们的合作。

# 三、亲子关系

在家庭关系中，夫妻关系是所有关系的基础，决定了亲子关系的状态和质量。良好的夫妻关系能够给子女提供温暖的港湾，是子女的安全基地；如果夫妻之间发生婚姻冲突，就会给子女带来外在的现实压力和内在的心理压力，影响正常的亲子关系发展，将子女被动拉进夫妻关系中来，形成不良的家庭关系互动模式。

## （一）婚姻冲突

在夫妻关系中，婚姻冲突主要指夫妻之间由于意见不一致或其他原因而产生的言语或身体的攻击与争执，可根据冲突发生的频率、强度、内容、风格及冲突是否得到解决等特征或角度来进行理解。由于在家庭中所处代际层次、地位等有所不同，当父母间发生冲突时，父母所掌握的信息与子女所掌握的不同，父母与子女对于冲突的理解和认知也自然会不同。对于子女而言，对于那些隐含的信息能否了解以及能否给予适当的加工都是非常困难的事情。当子女年幼时，对于父母的冲突，他们大多是从能够觉知的信息中来感受和加工的，比如子女在日常生活中所知觉到的双亲之间言语、非言语或肢体上的冲突与攻击，如父母的争执、意见不合、责骂、抱怨、贬抑、冷漠、愤怒、推撞、殴打等。

对于婚姻中的冲突，通常可以通过八个维度来进行界定：

（1）父母的冲突频率，指父母的冲突经常发生，还是偶尔发生；

（2）冲突的强度，指可以平静讨论问题，还是严重到肢体冲突，以及二者之间的中间状态；

（3）解决情况，指父母的冲突是否能够以建设性的方式给予解决，还是以回避、屈服的方式暂缓冲突，让冲突成为隐形的家庭动力的一部分；

（4）冲突内容，指父母冲突的内容是与子女有关，还是与子女无关，涉及子女的冲突往往会让子女感觉到更大的压力，会怀疑自己在家中的地位，怀疑父母对自己的爱，甚至为父母间的冲突而自责；

（5）应对策略，指父母发生冲突之后所采取的应对方式，如逃避、屈服、争论、妥协、合作、言语攻击、肢体攻击；

（6）应对效果，指应对冲突有效性的评价，分为子女应对效果和父母应对效果，如果父母应对效果好，婚姻满意度往往会较高，当子女认为具有较强的应对能力时，会积极应对，反之就会引起绝望或无助感，减少应对努力；

（7）子女涉入，指子女卷入父母婚姻冲突的程度，无论子女是主动还是被动进入父母之间的关系，形成何种三角关系类型，这种纠缠的三角关系对子女的发展都有一定的影响；

（8）归因稳定性，指对婚姻冲突的归因，主要归因有社会变迁、角色期待、经济管理、子女管教、姻亲相处、家事分工、权利争取与竞争、性关系不和谐八大类。

在夫妻关系中，如果夫妻间的婚姻冲突的原因是整体且稳定的，那么婚姻冲突再次发生的可能性就比较大，对子女的影响也较大。有研究表明，当父亲或母亲有较低的婚姻满意度的时候，在核心家庭中就很容易出现子女介入父母关系的情况，这在一定程度上是家庭关系的不良运行，会对父母的婚姻状况以及亲子关系产生消极影响。

## （二）亲子三角关系

亲子三角关系是家庭系统理论的概念之一。该理论认为，家庭是一个情绪系统，而三角关系是维持家庭情绪系统稳定的最小单位。当家庭环境较为平静，夫妻之间关系比较平和时，夫妻二人可以进行比较舒适的情感交流，两人系统处在稳定状态；但实际上两人系统是不容易稳定的，当其中的一方因为内在或外在的原因产生较多的焦虑情绪时，这种平衡状态就被撼动，当焦虑情绪逐步累积到一定强度后，两人系统的平衡状态就会面临被打破的局面，为了避免面对面的直接冲突，减缓夫妻之间的紧张状态，夫妻中的一人或两人会将子女拉进他们的关系中，以缓解自己的焦虑情绪，或者有时子女会主动介入到父母关系中。无论子女是主动还是被动地介入父母关系中的，其进入后所构成的三角关系相比之前的两人关系对压力的处理都具有较高的弹性，也更加稳定。当焦虑情绪在三角关系中得以缓释之后，三角关系将恢复到之前平衡的两人系统及单独的第三方。在核心家庭中，由于父母和子女之间存在天然的紧密联结，使子女成为父母冲突后缓释紧张关系的最佳联结对象，因此在家庭系统中，三角关系大多发生在父、母和子女之间，以亲子三角关系的面目出现。当父母并不致力于解决他们之间的冲突时，他们会与子女结盟，孤立、打击对方；或将注意力投向子女真实或假想出来的问题上，父母通过创造、维持甚至恶化子女的问题以使他们之间的婚姻关系达到表面上的团结一致；或者子女主动站出来，以生病、厌学等方式来转移父母的注意力，缓解父母之间的紧张状态。无论以何种形式，通过亲子三角关系的作用机制，父母达到了缓解其婚姻冲突的目的。

由于三角关系在一定程度上确实起到了缓解紧张关系的作用，且形成和瓦解过程通常都是自发且无意识的，因此多数家庭不会注意到这种关系所造成的影响。然而三角关系的危害在于它通常掩盖了问题的本质，呈现出人们所制造出来的问题，这样不仅不利于问题的解决，甚至可能导致问题的恶化，侵蚀家庭关系的基础，乃至造成下一代的适应问题。当然，适度的三角关系不会造成严重的不良影响。

1. 亲子三角关系的定义和类型

亲子三角关系，是家庭系统理论中用来理解子女如何涉入父母之次系统，以稳定父母情绪性的紧张与束缚性的焦虑，形成家庭系统平衡状态，以及用来解释个体行为适应不良的重要核心概念。根据不同的划分标准，大致可以将亲子三角关系区分为以下几种类型。

（1）跨世代联盟：当夫妻在婚姻关系中的紧张程度升高时，其中一方藉由指责另一方的错误与寻求子女的支持来避免直接面对婚姻问题。如子女长期固定与父亲或母亲某一方联盟，称为固定跨世代联盟；如子女有时与父亲联盟，有时又与母亲联盟，则称为不固定跨世代联盟。

（2）代罪羔羊：当婚姻关系的紧张程度升高时，夫妻藉由把注意力转移至子女的问题上，以避免直接面对彼此间的冲突。在此种情况下，如父母联合起来指责、管教强势的或有问题行为的子女，称为攻击性迂回；如父母联合起来一同照顾较软弱或生病的子女，则称为支持性迂回。

（3）亲职化：指儿童和青少年超出自身发展水平过早地扮演父母角色或承担成人责任。如子女承担家务劳动、照顾手足等责任，称为功能性亲职化；如子女承担照顾家人的情绪，以家人的快乐为快乐等，则称为情感性亲职化。

2. 亲子三角关系的运作机制及其对子女的影响

家庭系统理论认为，健康的家庭功能意味着家庭结构清晰，适宜的代间界限，而亲子三角关系的运作，则意味着模糊的代间界限以及纷乱的家庭结构。

（1）跨世代联盟的运作机制及影响。

跨世代联盟的运作机制是"忠诚感"。陷入跨世代联盟中的子女所要面对的最大困难就是忠诚的问题。当父母之间发生冲突时，为了孤立、打击对方或者获取本应该从配偶身上得到的情感支持，父母双方都会极力拉拢子女，支持自己。然而，对于子女而言，其往往会陷入两难困境，因为在面对父母的争夺时，无论选择与谁结盟，都会面临"忠诚"与"背叛"的两难境地，因为对父母之中一方的忠诚都意味着对另外一方的背叛，这种内心冲突会对子女的身心发展带来严重的负面影响。

处在跨世代联盟中的子女，面临父母对他们提出的巨大的心理考验。当子女选择与父母之中的一方结盟的时候，就意味他面临着被另一方拒绝。这种扭曲的亲密与背叛，会让子女身心发展受挫。与不固定跨世代联盟相比，陷入固定跨世代联盟的子女还要面对长期缺乏获得另一位父母认同的机会。在家庭教育中，子女对同性父母的认同，以及通过与异性父母交往而学习与异性交往，从而练习如何在家庭之外与同性和异性交往，将在家庭中的交往模式扩展到家庭之外的人际关系中，因此父母角色的缺失对子女心理健康的影响是巨大的。有研究表明，父母之间发生冲突时，女儿比儿子更容易被卷入到父母的冲突之中，并且多数情况下倾向于与母亲结盟以对抗父亲；涉入父母婚姻冲突越深的子女也越容易感到抑郁和焦虑。有学者认为，母亲在很多时候会把女儿当成自己的一部分，合二为一，而女儿天生是母亲的忠实观众，留心母亲的一举一动，一心跟随母亲的脚步，一旦发现母亲处境不利就会挺身而出，甚至牺牲自己，许多女儿的心理疾病都与保护母亲有关。

（2）代罪羔羊的运作机制及影响。

代罪羔羊的运作机制是"罪恶感"。常见的代罪羔羊通常表现为攻击性迂回和支持性迂回两种形式，无论是攻击性迂回还是支持性迂回，都是父母为了逃避他们之间的紧张状态而将注意力转移到子女身上的一种形式，只不过这两种方式的区别在于，采用攻击性迂回方式的父母将注意力集中在他们认为不好的、有问题的子女身上，并采用攻击、指责子女的方式；采用支持性迂回的父母则将注意力集中在他们认为虚弱的、需要保护的子女身上，并采用共同照顾、保护子女的方式。然而无论以何种形式出现的代罪羔羊子女，其内心都隐藏着很深的罪恶感，他们认为自己是不好的、不受欢迎的，是导致父母婚姻冲突与家庭不和谐的罪魁祸首。

有研究者认为，要想"胜任"父母心中代罪羔羊的角色，孩子势必要成为问题子女或虚弱的、需要保护的子女，用自己的不好、不堪来拯救父母，保护家庭。如担心父母分离的子女，通过逃学、沉溺网络、偷盗等问题行为，吸引父母的注意力，使他们暂时放弃两人间的冲突，各司其职甚至互相合作，共同应对问题子女，从表面上看起来更像是一个正常的家庭。

代罪羔羊子女的另一种形式是让自己生病，通过身体疾病或心理不适来让父母关注自己、照顾自己，以达到缓解父母之间的冲突的目的，并且这种行为会在潜意识中不断强化，最终导致子女持续表现出身体症状，自己和父母都深信不疑。

对于代罪羔羊形式中的父、母、子女三方来说，父母藉由共同应对问题子女或照顾需要保护的子女而暂时缓解了紧张状态；子女成功捍卫了父母之间的关系，三方既得的利益会不断强化子女这种行为，继续维持家庭的表面平衡，而子女要付出身心不能正常发展的代价。

（3）亲职化的运作机制及影响。

亲职化的运作机制是责任感的转移。亲职化是指父母与子女角色颠倒，即父母有意或无意地将本属于自己的角色功能推卸给子女，子女在自愿或非自愿的情况下承担起了满足父母要求与照顾兄弟姐妹的责任。久而久之，亲职化子女内化了对父母及兄弟姐妹的责任，放弃追求自己的权益与梦想，为维持家庭的表面正常牺牲自己。亲职化的子女，放弃了对真实自我的追求，无私地将自己奉献给家庭，认为照顾父母及同胞比照顾自己更重要，为了家庭的利益而牺牲了自己。

中国的传统文化注重孝道，推崇家族利益，照顾父母和同胞是每个人的责任，因此这种亲职化的状态易于被社会接纳和肯定，甚至被称颂，这在一定程度上强化了人们的亲职化观念，但是这往往限制了人的自我发展。放弃了自我的利益，他人的利益高于个人利益，有时会造成严重的不良后果。有研究认为，亲职化程度越深，个体应对人际冲突的能力越差，出现抑郁及焦虑情绪的状况也会增加，情绪调节能力也就越差；儿童时期的亲职化角色与成人时期的羞愧倾向之间存在相关关系；父母与子女的角色互换是造成青少年自杀行为与危险反应的重要因素，而青少年的自杀行为可视为因担负过度沉重的父母角色而企图逃避这个角色的举动。

3. 影响子女涉入亲子三角关系的因素

（1）性别。

在亲子三角关系中，女儿对父母婚姻冲突的感觉较为敏锐，有更多的体会，也会较为主动地想去做些什么，以填补或者转移父母对婚姻不满的注意力。有研究结果显示，青春期的女儿与儿子相比，更容易陷入跨世代联盟的亲子三角关系中，并且大多数的女儿固定与母亲结成联盟关系，而青春期的儿子在亲子三角关系中更多的是以代罪羔羊的角色出现的。也有研究显示，青春期女性亲职化程度显著高于青春期男性，青春期男性代罪羔羊程度则显著高于青春期女性，但跨世代联盟维度上不存在显著的性别差异。因此，子女在涉入亲子三角关系方面是否存在显著的性别差异，研究者们未得出一致的结论。

（2）家庭排行。

家庭排行对人有重要影响。由于长子女是第一个进入家庭情绪系统中的子女，同时作为家庭中的老大，他们担负着比其它排行子女更多的责任，因此，相比较而言，长子女更容易进入亲子三角关系。但有时父母会跳过其他子女，直接将最小的子女拉进亲子三角关系中。子女中具有特殊家庭排行，或出生时家庭正处于特殊时期，或与父母原生家庭中对父母有特殊意义的兄弟姐妹排行相同者，以及身体有缺陷或对父母之间婚姻冲突较为敏感者，都容易被卷入父母之间的关系，形成亲子三角关系。

（3）父母婚姻状况。

有研究表明，夫妻对婚姻的满意度与子女涉入父母争吵时的三角关系间存在负相关关系，即夫妻婚姻满意度越高，在他们发生冲突时子女涉入他们之间，形成亲子三角关系的可能性就越小；与父母婚姻持续中的子女相比，父母离异的子女更容易与父母中的一方形成跨世代联盟；父母未离异的子女则有更多亲职化的现象。还有研究发现，父母对婚姻的满意度越低，亲子三角关系状况越容易出现。

（4）亲子关系。

有学者指出，如果家庭中存在父母无法管教子女的局面，大多数是因为家中形成了跨世代联盟的亲子三角关系。子女通过与父母一方的联盟获得了比父母双方都大的权利，造成了家庭中权利倒置的情况，父母丧失管教子女的能力，亲子冲突尖锐化。

## 四、教养方式

父母对子女的教养方式，也同样会影响子女的个性发展。

美国心理学家戴安娜·鲍姆林德认为，可以把父母教养方式归纳为两个维度：第一个维度是父母对待儿童的情感态度，该维度的一端是接受，另一端是拒绝；第二个维度是父母对儿童的要求和控制程度，该维度的一端是控制，另一端是容许。在情感维度的接受端，父母以积极、肯定、耐心的态度对待儿童，尽可能满足儿童的各项要求；在情感维度的拒绝端，父母常以排斥的态度对待儿童，对他们不闻不问。在要求与控制维度的控制端，父母为儿童制订了较高的标准，并要求他们努力达到这些要求，在要求与控制维度的容许端，父母宽容放任，对儿童缺乏管教。这两个维度各自均是一个连续谱的状态，父母的态度可在这个连续谱的任意一点上。

根据这两个维度的不同组合，可以形成以下四种教养方式：权威型，即在情感维度上偏于接受，在要求和控制维度上偏于控制；专断型，即在情感维度上偏于拒绝，在要求和控制维度上偏于控制；放纵型，即在情感维度上偏于接受，在要求和控制维度上偏于容许；忽视型，即在情感维度上偏于拒绝，在要求和控制维度上偏于容许。不同的教养方式，无疑会对儿童的社会性发展和个性形成产生重大影响。

## （一）权威型

这是一种理性且民主的教养方式。权威型的父母认为自己在孩子心目中应该有权威。但这种权威来自父母对孩子的理解与尊重，来自他们与孩子的经常交流及对子女的帮助。父母以积极肯定的态度对待儿童，及时热情地对儿童的需要、行为做出反应，尊重并鼓励儿童表达自己的意见和观点。同时他们对儿童有较高的要求，对儿童不同的行为表现奖惩分明。

这种高控制且在情感上偏于接纳和温暖的教育方式，对儿童的心理发展有许多积极的影响。这种教养方式下的儿童独立性强，善于自我控制和解决问题，自尊感和自信心较强，喜欢与人交往，对人友好。

## （二）专断型

专断型父母则要求孩子绝对地服从自己，希望子女按照他们为其设计的发展蓝图去成长，希望对孩子的所有行为都加以保护监督。这一类也属于高控制型教养方式，但在情感方面与权威型父母有显著的差异。这类父母常以冷漠、忽视的态度对待儿童，他们很少考虑儿童自身的要求与意愿。对儿童违反规则的行为表示愤怒，甚至采用严厉的惩罚措施。

这种教养方式下的学前期儿童常常表现出焦虑、退缩和不快乐。他们在与同伴交往中遇到挫折时，易产生敌对反应。在青少年时期，在专断型教养方式下成长的儿童与权威型教养方式下成长的儿童相比，自我调节能力和适应性都比较差。但有时他们在校的学习表现比放纵型和忽视型教养方式下的学生好，而且在校期间的反社会行为也较少。

## （三）放纵型

这类父母和权威型父母一样对儿童抱以积极肯定的情感，但缺乏控制。父母放任儿童自己做决定，即使他们还不具有这种能力，例如任由儿童自己安排饮食起居，纵容儿童贪玩、看电视。父母很少向孩子提出要求，如不要求他们做家务事，也不要求他们学习良好的行为举止；对儿童违反规则的行为采取忽视或接受的态度，很少发怒或者训斥儿童。

这种教养方式下的儿童大多很不成熟，他们随意发挥自己，往往具有较强的冲动性和攻击性，而且缺乏责任感，合作性差，很少为别人考虑，自信心不足。

### （四）忽视型

这类父母对孩子既缺乏爱的情感和积极反应，又缺少行为方面的要求和控制，因此亲子间的互动很少。他们对儿童缺乏最基本的关注，对儿童的行为缺乏反馈，且容易流露厌烦、不愿搭理的态度。如果儿童提出诸如物质等方面易于满足的要求，父母可能会对此做出应答；然而对于那些耗费时间和精力的长期目标，如培养儿童良好的学习习惯、恰当的社会性行为等，父母则很少去完成。

这种教养方式下的儿童与放纵型教养方式下的儿童一样，具有较强的攻击性，很少替别人考虑，对人缺乏热情与关心，这类孩子在青少年时期更有可能出现不良行为问题。

---

**心理测验：教养方式测试**

下面是一些家长在教养孩子时的一些情况描述。请根据实际情况，进行填写。如果您的情况与描述的相符，请在括号里打"√"，否则打"×"。

1. 测测您是否采用专制型的方式教养孩子。

（　　） 我不允许我的孩子对我的决定有任何意见。

（　　） 我认为体罚是管教孩子最好的方式。

（　　） 我尽量不让孩子玩一些粗野的游戏或者做什么可能会伤害他的事情。

（　　） 我给孩子制定了一些严格的规矩。

2. 测测您是否采用权威型的方式教养孩子。

（　　） 我鼓励孩子要有独立性。

（　　） 我尊重我孩子的意见，并鼓励孩子把自己的意见和想法说出来。

---

（　）当我要我的孩子做什么事情时，我都会先耐心地向他解释为什么。

（　）当孩子做错什么事情时，我会耐心地和他谈谈。

3. 测测您是否采用放任型的方式教养孩子。

（　）如果孩子不来烦我，我就不会理睬他。

（　）孩子想吃什么，我都给他吃。

（　）孩子想做什么，我都让他去做。

（　）我很少惩罚我的孩子。

4. 测测您是否采用溺爱型的方式教养孩子。

（　）孩子的事，我都会帮他做。

（　）我给孩子很多零用钱。

（　）在家里，孩子就是家庭的中心。

（　）孩子想要什么，我都会尽量满足。

根据您的填写情况，"√"得1分，"×"得0分。把下面表格填写完整。

| 教养方式 | 父亲的得分 | 母亲的得分 |
| --- | --- | --- |
| 专制型 | | |
| 权威型 | | |
| 放任型 | | |
| 溺爱型 | | |

注：得分最高的教养方式即家长在教育孩子时常用的教养方式。

第五章

# 亲密关系

核心家庭之所以能够建立，多源于夫妻双方的爱情，因此不同爱情的类型、亲密关系的质量决定了核心家庭的基础；建立核心家庭之后，作为核心家庭的重要成员，夫妻如何与自己的原生家庭分离，如何处理好与原生家庭的关系，是核心家庭能否健康发展的前提。

## 一、爱情

### （一）进化论视角下的爱情

爱，是指对人或事物有很深的感情。在《现代汉语词典》里，爱情的定义是"男女相爱的感情"。从进化的视角来看，爱情是一种适应，更精确地说，它是解决生存和生殖等特殊问题的精密的复合适应装置，是一套人类经过精细打磨的心理装置，具有必不可少的实用功能。

从进化的视角看，爱情这一复杂的心理状态，包括情绪状态信息加工装置和一些外显的爱情行为，是一种进化而来的以解决繁衍问题的适应。根据进化论的分析，爱情进化出以下功能：显示有关生殖的资源；提供性接触；标志性的忠诚；通过配偶监护提升关系的独有性；显示许诺和承担的义务；改善能成功繁殖的行为；提供亲代投资的信号。从爱情进化论中得到一个最直接的预测是，爱情的心理回路是具有普遍性的，缺乏爱情体验的文化是不存在的。

对于男性和女性而言，他们关于爱情适用的心理装置是不同的。男性比女性更注重体貌，因为体貌能够提供一个女性在青春和健康方面的大量信息，因此也可以反映出她的生育能力和生殖价值。这并不是说女性在择偶的时候就不考虑体貌，男性的体貌所提供的健康信息，在女性择偶的时候也起着非常重要的作用。对于男性而言，体现女性魅力的体貌特征都支持吸引力—生育能力强之间的联系：光滑如脂的肌肤，长而有光泽的秀发，匀称的体型，没有明显的伤痕、脓包或伤口，腰肢纤细，胸部丰满，腰臀比例小。对于女性而言，其择偶标准所判断的许多特征并不是根据体貌来轻易判断的，这些特征包括男性的抱负、勤勉、魄力、身份地位，这些特征都与资源获得有关。爱情是一种局限于长期配偶的感情，因为生育能力和繁衍价值对于男性选择长期配偶来说是至关重要的，而体貌特征能够提供很多关于女性繁殖力和繁殖价值方面的信息，所以男性比女性更容易产生一见钟情。

一些证据表明，爱情心理在某种程度上是一个承诺装置，它标志着要把有价值的生殖资源奉献给自己的配偶。承诺是最具诊断性的，但是承诺可以有很多形式，比如一个人可以承诺把食物、庇护所和身体保护等资源长期提供给他的伴侣，也可以通过保持性忠诚或充满激情的性行为来承诺性资源，爱人可以向他所爱的人承诺生殖资源，比如怀孕、妊娠和分娩，另外爱人还要向他们爱的结晶承诺双亲资源，这些行为都体现了一种自我奉献和自我牺牲的精神；为了爱人的需求而把自己的利益和兴趣放在一边，为了爱人做出重大的牺牲，并且为了陪伴爱人放弃大量的自由时间。

### （二）大脑机制与爱情

爱情是看不见、摸不着的，但是研究表明，爱情与生理是有联系的。研究浪漫关系的心理学家海伦·费舍尔发现爱情有大脑的机制和区域。首先，爱情与大脑中的奖赏系统腹侧被盖区有关，这个区域与人的渴望、动机、欲求密切相关，并且与成瘾现象有关，在这里会产生多巴胺。多巴胺是一种神经递质，它会使人产生兴奋、开心的感觉，尤其是处于热恋中的人，作为旁人都可以感受到他/她内心的幸福与快乐。恋爱中的人都是诗人，不时感叹这个世界是如此美好，这种持续性积极的心境，就像是由爱情带来的奖赏一般。其次，爱情与大脑中的快乐中心——伏隔核有关，它与奖赏、快乐也有很大的联系。当一个人爱上另一个人时，会为对方付出，会计算得失，衡量自己的付出与回报。每个人的内心都期望能获得相应的爱的回报。最后，爱情与深度依恋的大脑活动有关。爱情中的人们彼此相互依赖、相互信任。可以看到，恋爱中的人总是如胶似漆，会将对方融入自我概念，爱人在大脑中与自己处于同一条路径。如果两个人是两个圈，那么爱情中的人们会有很大部分的重叠。人们甚至会因为对方的喜好做出改变，使得自我发生变化。因此在生活中会看到，在一起很久的恋人，他们在爱好、习惯、行为举止上会逐渐变得相似，甚至在样貌上也存在着人们常说的夫妻相。

爱情与大脑生理结构的研究表明，爱情似乎会让人上瘾，因为它也拥有成瘾的三个特征。首先是耐受性，耐受性原是指人们对药物反应性降低的一种状态。在爱情里体现为，恋人总是想要得到对方更多的爱以维持最初恋爱时的那种甜蜜感觉。其次是身体上的依赖性，在爱情中双方有两性融合为一体的需要。最后是心理上的依赖性，这体现在恋人之间的依恋。爱情有一种让人上瘾的魔力。在爱情中的恋人有明确的目标对象，会强烈地专注于他/她，因他/她的存在而拥有强大的动力、旺盛不竭的精力，不惜一切想得到他/她，而他/她给的回应会强化恋人的付出，让爱一直持续下去。

在爱情的不同阶段，恋人所分泌的化学物质也是不同的。在热恋期，产生男女之间吸引力的物质大多数是一种类似氨基丙苯的化学物质。这些化学物质可以通过两性之间的眼神传递、肌肤触摸等产生，从大脑开始，沿着神经传导进入血液，进而使皮肤变红，身体发热甚至出汗，心情激动亢奋，促使热恋中的男女双双坠落"情网"，难以自拔。在危险期，科学家们还发现，人体的氨基丙苯等化学物质不能永久存在，人们经过恋爱、初婚的激情后，大约在100天后进入半衰期，开始逐步减少，到3年后（大约1000天），氨基丙苯等化学物质全部消失，必然会引起激情逐渐淡薄，也就是出现"情感危险期"。在稳定期，由于恋人长期共同生活，体内又会产生类似镇静剂的内啡呔的化学物质，它能使恋人之间平衡、安全、互相依靠，甚至不能分离，从而使爱变化，大多数恋人的感情会进一步加深、巩固。

### （三）爱的结构

罗伯特·J. 斯滕伯格提出了爱情三角形理论。爱情三角形理论中的三个因素是亲密、激情和决定/承诺，每个因素描述了爱情的一个方面。

1. 亲密

亲密是指在爱情关系中亲近、连属、结合等体验的感觉，因此，这个因素包括那些在爱情关系当中能促进温暖关系的感觉。综合很多研究，亲密因素可以分成十个要素：（1）渴望促进爱人的福祉；（2）与爱人共享喜悦；（3）对爱人高度关注；（4）在需要得到帮助时能指望爱人；（5）与爱人互相理解；（6）与爱人分享自我与所有；（7）从爱人那里得到情感的支持；（8）为爱人提供情感支持；（9）与爱人亲密交流；（10）肯定爱人的价值。

2. 激情

激情是指引发浪漫之爱、身体吸引、性完美以及爱情关系中相关现象的驱力。激情因素包括那些在爱情关系中能引起激情体验的动机性以及其他形式的唤醒源，是"一种非常想跟别人结合的状态"。在恋爱关系中，性需要在激情体验中占据支配地位。然而，其他需要，比如自尊、关怀、亲和、支配、顺从和自我实现，可能也有助于激情体验的获得。

3. 决定/承诺

从短期来讲，决定/承诺指的是一个人决定爱另一个人；从长期来讲，它是指一个人维持爱情的承诺。决定/承诺因素的这两个方面不一定同时存在，一个人可以在不承诺长久之爱的前提下决定爱一个人，一个人也可以处于一段关系，却不承认爱着另一个人。

爱情的三个因素相互影响。例如，更高程度的亲密会导致更高程度的激情承诺，就像更高程度的承诺会导致更高程度的亲密或者激情。总之，三个因素既相互独立，又互相影响。尽管这三个因素都是恋爱关系中的重要成分，但是在不同的关系或者一段关系的不同时间，它们的重要程度是不一样的。确实，不同类型的爱情可以通过因素间有限的组合来实现。

爱情的三个因素可以构成八种不同类型的组合，每一种组合对应着一种类型的爱情（见表5.1）。重要的是，要认识到这些爱情的类型实际上是有局限性的组合，没有一种关系完全符合其中的类型。

表 5.1　爱情三角形的分类

| 爱情的类型 | 亲密 | 激情 | 决定/承诺 |
|:---:|:---:|:---:|:---:|
| 无爱 | - | - | - |
| 喜欢 | + | - | - |
| 迷恋 | - | + | - |
| 空洞之爱 | - | - | + |
| 浪漫之爱 | + | + | - |
| 伴侣之爱 | + | - | + |
| 愚昧之爱 | - | + | + |
| 完美之爱 | + | + | + |

"无爱"指爱情的三个因素都缺失；"喜欢"是个体只体验到亲密，而缺乏激情和决定/承诺的因素；"迷恋"是人们只体验到激情，而缺失另外两个爱情要素；"空洞之爱"是指一个人爱并且承诺爱别人，却缺乏爱情的亲密和激情因素；"浪漫之爱"是亲密与激情因素的组合；"伴侣之爱"是亲密和决定/承诺因素的组合；"愚昧之爱"是激情和决定/承诺的组合，而缺少亲密这个因素；"完美之爱"，或者说完整的爱，来自三个爱情因素的组合。总之，爱情三个因素可能的组合构成了带有局限性的不同类型的爱情。大部分的爱情是这些爱情类型的"不纯正"的例子，它们以不同的数量分享了三角形的三个顶点。

"爱情三角形"的几何学取决于两个因素，爱情要素的数量和爱情的平衡，爱情要素的数量多少，由爱情三角形的不同面积表示，爱情的要素数量越多，所占三角形的面积越大，三种爱情因素平衡程度的不同，由三角形的不同形状表示。例如平衡的爱情，爱情的三个因素的比例大致相同，以等边三角形表示。当恋人双方三角形的面积（爱情要素的数量）和形状（爱的类型）大致吻合时，伴侣通常会感到更幸福。

三个爱情因素的每一个因素都有一套相关的行为，例如，亲密可能在行为上表现为分享一个人所拥有的东西和时间、表达对爱人的神会、与爱人诚恳的交流等；激情在行为上表现为凝视、触摸、做爱等；承诺可能体现在性格忠贞、订婚、结婚等行为上。当然爱情每一种因素的行为表现由于人、关系和情境的不同而有所差异。不管怎样，通过行为表现出的爱情三角形是重要的，因为行为对关系有如此大的影响。

# 二、亲密关系

## （一）爱的"共有应答性"

"共有应答性"是由玛格丽特·S. 克拉克和琼·K. 莫南提出来的，他们认为"爱"即关系中的"共有应答性"，即它是作用于伴侣的感觉以及伴侣所感到的作用于自身的感觉。"共有应答性"没有一个明确的定义，其存在于"一个人表露自己需要或者渴望，也可以说自己的脆弱；另一方转而明确地关注前者的幸福，并且以促进其幸福的方式做出反应"的情景。

以"共有应答性"为特征来界定爱情关系，表明爱情关系质量的最好途径是两类人际过程，一类是导致"共有应答性"的人际过程，另一类是与实现"共有应答性"相对立的任何人际过程。一段高质量的关系应该以这样的行为为特征，例如帮助，与对方一起参与令人愉快的活动，支持伴侣向着目标前进，自由表达其需要状态的情绪，自我表露喜悦与烦恼之事，以及愿意寻求和接受帮助。良好的、相互的共有应答性不仅让人感到安全和慰藉，还可使人健康成长和保持最佳的身心状态。

一般来说，应答性是指一方采取行动来促进另一方的幸福，可以表现为以下多种类型。第一种类型是当某人失去一些东西或者遭受一些伤害而迫切需要帮助时，正好一个人雪中送炭，这通常被称为帮助。第二种类型涉及支持伴侣朝着他的目标前进，不管这个目标是短期的还是长期的，是共享的还是个人的；还有一种形式，即为对方向目标成功迈进的每一步喝彩，为达成目标而庆祝。第三种类型涉及与另一个人同心协力去创造一些让一方或双方都感到愉悦和有益的活动——一场愉快的谈话，一场羽毛球赛，一起唱歌，一个合作项目。第四种积极的"应答性"类型包括以关爱行为回应伴侣的背叛行为。假如一个人在此情境中的自然反应是以牙还牙或表达怨气，那么仅仅克制自己，不这样做就算是应答性。宽恕、持续关爱的保证和表示理解都是这种意义上的应答性。第五种"应答性"类型对于另一个人具有象征性的意义，这种应答性可能出现在没有明显支持或合作参与需要的活动中，它在于表达一个人真正关心伴侣，并且如果对方需要，他将会一直陪伴，可以通过言语、肢体行为甚至善意的玩笑来实现。

信任是促成"共有应答性"的核心。在具有挑战性的情形下，建立、深入特别是维持共有关系的关键在于信任，信任就是一个特殊的伴侣真正关心自己的幸福，同时不会利用或伤害自己；信任就是伴侣渴望得到关心，并且会接受这种关心以及一段共有关系。前一种类型的信任使一个人有勇气表达需要，寻求支持；后一种类型的信任使一个人有勇气提供支持。在特定的关系中，对特殊伴侣的信任对于一段爱情关系来说是十分关键的。这种信任的建立主要在于拥有一个伴侣，即使在面对与自身利益冲突的情况时，这个伴侣仍然会真正关心一个人的幸福。

对别人关爱的低信任是干扰关系中"共有应答性"与"爱"持续性发展的主要因素。不信任增强了一个人的自我保护，这通常会导致几种情况：（1）在一个人的共有关系层次中，将自我置于伴侣之上，有时甚至远远高于伴侣的位置；（2）使人非常不情愿表露脆弱；（3）使人不情愿对别人表现出非相倚性应答，以免别人拒绝自己主动表示的"共有应答性"或者在自己有需要时别人不做出回应。最后的附带结果往好一点考虑是独立于他人，往坏处考虑是冲突、怀疑，以消极的防御方式解释伴侣行为的倾向，以及完全消极的互动。

## （二）亲密关系的性质

亲密关系是一个复杂的概念，包含许多不同的成分。一般会在六个方面存在差异：了解程度、关心程度、相互依赖性、相互一致性、信任度以及忠诚度。

了解程度。亲密的伴侣彼此间有着广泛、私人的了解。他们熟知彼此的经历、爱好、情感和心愿，而且一般不会把这些信息透露给其他人。通常而言，关系越亲密，了解程度越深。

关心程度。亲密的伴侣关心对方，彼此能从对方身上感受到更多的关爱。如果人们认为自己的伴侣了解、理解并欣赏自己，其亲密程度就会增加，也会用类似方式与对方共处。

相互依赖性。亲密伴侣的生活也是交织在一起的：一方的行为会影响另一方的行为目标和行动能力。亲密伴侣的相互依赖性是指他们彼此需要的程度和影响对方的程度，这种相互依赖是频繁（经常影响彼此）、强烈（彼此都有显著的影响）、多样（以多种不同的方式影响彼此）和持久（彼此影响的时间很长）的。当人际关系发展到相互依赖的程度时，一方的行为在影响自己的同时也影响到对方。

相互一致性。由于这种紧密的联系，亲密伴侣常认为他们是天造地设的一对，而不是两个完全分离的个体。他们表现出很高的相互一致性，这意味着他们认同双方在生活上的融合，自称为"我们"，而不是"我"和"他/她"。伴侣之间"心有灵犀"的感觉，往往来自相互一致性。

信任度。人们期望对方会善待和尊重自己，相信亲密关系不会带来伤害，并期望伴侣能满足自己的要求，关注自己的幸福。如果丧失了这种信任，亲密伴侣也常常会变得猜忌与疑虑，从而损害亲密关系特有的开朗、坦诚和相互依赖。

忠诚度。亲密伴侣通常会忠诚于他们的亲密关系，希望他们的亲密关系能够一直持续下去，并为此不惜投入大量的时间、人力和物力。这种忠诚一旦丧失，曾经的恩爱情侣、知心朋友也会日渐疏远、貌合神离。

## 三、婚姻关系

每一个青年人都可能经历恋爱阶段，带着恋爱的甜蜜，满怀对婚姻的憧憬，进入婚姻。对于每个人而言，进入婚姻意味着一个新的人生阶段开启，也意味着自己有了新的人生角色。

### （一）婚姻的意义

1. 婚姻意味着离开

婚姻的前提之一就是离开自己的父母，离开自己的原生家庭。这里所说的"离开"，不是要从距离上或身体上离开父母，而是说在感情上离开父母；并不是说要丢弃或撇开父母不管，而是说要同父母保持一种健康的、独立的关系。因此，离开，意味着在今后的生活中，配偶就成为夫妻彼此的第一优先重要人选，从结婚的那一刻开始，夫妻双方首先要对自己的配偶负责，然后才是对家庭中的其他成员负责。

在莎士比亚的戏剧《李尔王》中，三女儿考狄利娅在对李尔王表达自己对父亲的爱时，有这样的表白："父亲，您生下我来，把我教养成人，爱惜我、厚待我；我受到您这样的恩德，只有恪尽我的责任，服从您、爱您、敬重您。我的姐姐们要是用她们整个的心来爱您，那么她们为什么要嫁人呢？要是有一天我出嫁了，那接受我的忠诚誓约的丈夫，将要得到我的一半的爱、我的一半的关心和责任；假如我只爱我的父亲，我一定不会像我的两个姐姐一样再去嫁人的。"这个例子说明了婚后的子女在处理自己与配偶和父母之间关系时的纠结。

离开，意味着在今后的生活中，夫妻双方要共同面对来自各方面的压力和挑战，为维护共同的利益而同心协力、共渡难关。尽管父母可以提供物质上的帮助，但对于夫妻双方而言，要学会独立，特别是在涉及情感问题时，要学习避免让父母参与或干预夫妻间的情感生活。

离开，意味着每个人要学习自己做决定。尽管在结婚前每个人都做过很多重大决定，但这些决定往往是在父母的参与下完成的。然而，婚姻生活是夫妻二人之间的互动，要用自己的眼睛去发现问题、确定目标、解决问题，做出适合自己的决定，建设良好的夫妻关系。很多人结婚前都是父母的孩子，如果不能和父母划清婚姻生活的心理界限，必然会产生种种家庭矛盾，严重时会致使家庭矛盾升级甚至恶化。

2. 婚姻意味着连合

连合是幸福婚姻的重要保障。连合意味着紧紧地联系在一起、附着在一起，无论是在顺境中还是在逆境中都会忠实于对方；连合意味着不怀疑对方，无论发生什么事、在什么情况下都永远想到对方的好处；连合意味着无论发生什么事或出现什么人，伴侣双方都下决心为维护彼此的关系而努力。

连合，意味着委身、忠实、坚定和自我牺牲。因此在婚姻中，夫妻双方要把对方作为世界上最珍贵的人来珍惜，把彼此作为生命的礼物，为自己的爱人骄傲，并把自己最美好的东西献给他/她；喜欢对方的优点，同时也能包容对方的缺点。因为婚姻就像把两张纸粘在一起，如果想把它们分开，必定会把纸撕破，彼此都将不再完整。因此，连合就是夫妻双方在日常生活中共同维护婚姻的荣誉。

3. 婚姻意味着成为一体

"成为一体"不仅仅指发生性关系，虽然性关系是一个至关重要的部分，但肉体上的合一是感情、理智和灵魂合一的表达。毋庸置疑，人们对婚姻中夫妻二人在肉体上的结合是很容易理解的，但婚姻中最主要的问题是两个人是否能在情感、理智和灵魂方面结合成为一个整体，只有肉体上和精神上的双重结合，才是真正"成为一体"。

要想真正地成为一体，夫妻间就要有交流。交流，就是开诚布公地交谈，表达出双方最真实、发自心底最深处的感情和思想，可以促进彼此坦诚相待。勇于向对方展示真实的自己，会促进双方成为最亲密的伴侣，促进双方在各个方面的合一。

离开、连合和成为一体是幸福婚姻的基础：首先，在进入婚姻之前，双方都应该为建立婚姻做准备，必须在精神上独立，必须对自己的家庭负责；其次，双方都应该对自己的配偶忠诚，无论遇到任何坎坷都不会动摇，始终忠于对方；最后，双方必须保持坦诚的沟通，以期逐步达到肉体和精神上的合一。婚姻，意味着两个人愿意承担责任，是双方表达爱意、激情和承诺的方式，愿意彼此忠实。

婚姻，让一个人从内心独立，学会和原生家庭保持边界，并能够建设自己的核心家庭，开始成为父母，养育子女。恋爱倾向于理想，而婚姻更贴近现实。恋爱是两个人的事情，但是婚姻往往是两个家庭甚至两个家族的事情。因此，恋爱中的亲密与承诺成分占比越多，未来婚姻稳定的可能性越高。

## （二）婚姻中的状态

走进婚姻后，夫妻二人的心理角色是怎样的呢？对于夫妻双方在婚姻中的状态，自我状态理论对夫妻双方在婚姻中的角色进行了阐释。

自我状态理论是美国心理学家艾瑞克·伯恩在 20 世纪 50 年代提出的，该理论认为，一个人的人格结构分解为三个功能不同且相互作用的子系统，分别被称为父母自我状态、儿童自我状态和成人自我状态。每一种自我状态都包括完整的思想、情感和行为方式，人与人之间的交往就是人们的"三我"之间的交往。

一是父母自我状态，指人们从父母或其他重要他人那里拷贝来的思想、情感和行为。父母自我状态又分为控制型父母自我状态和照顾型父母自我状态。具有控制型父母自我状态的人，常想控制别人、批评别人、用自己的思考代替别人；以理想、良心、责任感及偏见等严格的价值判断和道德伦理观为主，同时也具有维持社会秩序及追求理想等肯定的一面。具有照顾型父母自我状态的人，具有认同感，照顾、包容别人，倾听别人的话语，觉得别人的需要比自己的需要重要，与人交往时常常会表现出温暖、关怀、安慰、鼓励的一面。

当一个人在父母自我状态时，外显行为会表现得像自己的父母或其他的养育者，而内在的想法和感觉也一样。

二是儿童自我状态，每个人在自己的内心深处都带着一个小小的儿童，当一个人以儿童自我状态与人交往时，他的情感、思考和行为表现等就会表现得像孩子一样。儿童自我状态又分为适应型儿童自我状态和自由型儿童自我状态。具有适应型自我状态的儿童，年幼时为了使自己生存的环境更好，以某种方式适应外界权威的规则，以达到生存的目的，渴求别人的赞同，减低对外在世界的焦虑感。具有自由型自我状态的儿童，具有年轻、冲动、天真、富于表情等特点，富有创造力。

三是成人自我状态，一个人处于成人自我状态时，其思想、行为和情感都指向此时此地，具体表现为理性、精于计算、尊重事实和非感性的行为，代表了纯粹理性。人处在这一状态时，主要是考虑当时的环境和资源，关注当下。这一状态重视思考和行为，强调责任和结果。

每个人的人格结构都包含上述三种自我状态，但在不同个体身上，不同的自我状态占据主导地位。成年人的任何心理问题都源自其人格结构中成人自我与儿童自我的冲突。只有当三类自我状态实现内在和谐时，个体才能达到心理健康。当三类自我状态都能够自由地呈现，并且可以在个体需要的时候进行自由切换时，个体就是健康的。

在个体交往过程中，占据主导位置的自我状态会影响人际交往的有效性。在婚姻中，如果一方呈现出的自我状态恰为另一方需要的自我状态，那么二者的交往就是彼此满意的，因而具有建设性。但是，如果一方呈现出的自我状态不是另一方期望得到的自我状态，二者的交往就是冲突的，因而具有破坏性，夫妻双方能否彼此支持、鼓励、相互补充，决定着夫妻对幸福的感受程度，也决定着婚姻的质量。

## （三）幸福婚姻的密码

预测一段婚姻是否会幸福，取决于夫妻之间的说话方式。

1986 年，美国心理学家约翰·戈特曼及其同事罗伯特·李文森在"爱情实验室"中做了一个实验。研究人员将电极接到新婚夫妇身上，让他们讨论自己感情中愉快和有压力的方面。6 年之后，研究人员再次和这些夫妻见面，其中一些人婚姻依旧幸福；一些人可能还在一起，但矛盾重重；还有一些人已经完全分手。

这些夫妻的差别在哪里呢？依旧幸福的那些夫妻在 1986 年的测试中的心跳速率更低、压力信号少；而不幸福的那些人表面上显得很镇定，但心一直在怦怦跳、流汗、紧张。

1. 大师组和灾难组

戈特曼将幸福的夫妻称为大师组，不幸福的夫妻称为灾难组，然后尝试找出为何大师组能够驾轻就熟。1990 年，他让实验对象进入爱情实验室，该实验室设计得更像一个度假休闲的地方，而非一个研究所。他邀请了 130 对新婚夫妇在实验室中待一天，正常做家务、聊天和其他日常事务，观察这些夫妻的自然状态。在这些夫妻相处的过程中，他们彼此开始发出"请求"，寻求对方的注意并博取积极响应。表面上看这些请求很简单，但是他们在创造彼此相连的时刻，对方可能会响应对方的"请求"，也可能会"回绝"。没有人能够响应所有的请求，每个人都有事务繁忙的时候。但灾难组响应对方请求的时间只有 33%，与之形成鲜明对比的是大师组的响应时间高达 87%。换句话说，幸福的夫妻对于对方的请求响应度更高，戈特曼估计，以此为依据能够预测夫妻长久的概率，并且准确率最高可达 94%。

2. 保持积极的态度

按照戈特曼的研究，5:1 是一个神奇的比例，夫妻间积极和消极响应的比例为这个数时，双方的关系会更稳定。对于那些关系不稳定、之后会分手的夫妻而言，出现 8 次积极响应的同时会出现 10 次消极响应，比例为 0.8:1。

2006 年，加州大学洛杉矶分校研究发现，事情进展顺利时对当前事情给出积极的响应，与人们如何响应负面的事情同样重要。假如妻子告诉丈夫自己升职了，丈夫会如何反应呢？在下面 4 种选择中，只有"积极的—建设性的"这个选项才能让对方感觉真的幸福（见表 5.2）。

表 5.2　响应类型及举例

| 响应类型 | 行　为 | 举　例 |
|---|---|---|
| 积极的—建设性的 | 热情的支持 | 那太棒了，你的努力真的得到了回报，新的工作需要你做什么啊？ |
| 消极的—建设性的 | 沉默的、简单的支持 | 亲爱的，这非常好！ |
| 积极的—破坏性的 | 大煞风景 | 你确定可以处理好吗？之前的工作你已经很挣扎了。 |
| 消极的—破坏性的 | 忽视该事件 | 这让我想起来了，你妈妈给你打过电话，你能给她回电话吗？ |

3. 强调积极的因素

戈特曼认为，大师组和灾难组在态度方面的核心差别在于人们的关注点不同。大师组关注的是和对方相处愉快的时刻，而灾难组在寻找对方犯错误的时刻。这又是自我验证在作怪，人们往往会选择性地关注那些符合自己预期的事情，忽视那些与自己预期不符的事情。如果预期感情会出现问题，就会更警惕此类信号，这就意味着人们会注意对方所犯的每一个错误。如果相信自身值得被爱，对方也的确很好的话，人们会更容易看到对方的优点，将其"请求"视为对方想和自己亲近的信号，进而形成一种良性循环。

按照戈特曼的说法，大师组"正在有目的地塑造一种尊敬和欣赏文化"。成为一位大师，要把和谐当成一种可以在感谢、恭维和认可基础上建立起来的东西；积极满足对方的请求，寻找对方特别好、特别有想法或令人印象深刻的时刻，此时就会对对方格外关注。这样的话，双方的感情更可能长久，会让对方感觉更镇定、更温暖和更友善。

戈特曼报告称，80% 的离婚主要原因在于亲密关系的破裂。婚姻最有可能终结的时间段主要有两个，第一个时间段是在第 5 年到第 7 年之间，原因在于激烈的矛盾冲突；第二个时间段是在第 15 年到第 16 年之间，原因在于夫妻之间缺乏感情联系。

> **知识窗：幸福婚姻的特征**
> 　　纽约州立大学石溪分校的心理学家丹尼尔·奥莱利及其同事对平均结婚 21 年、声称仍彼此疯狂相爱的夫妻进行了调查，当对这些夫妻进行功能性磁共振成像（fMRI）扫描时发现：看到自己爱人的照片，确实会让他们大脑中与恋爱早期相关的、同一块多巴胺富集区点亮。

这表明在人们的经验中，长久燃烧的爱情确实存在。

研究发现，这些夫妻间有以下的互动模式：

1. 他们对彼此都持正面的想法，关注的是彼此的优点。

2. 两人分开时会彼此思念。

3. 他们不会做精神上多线程的事情。当想起彼此时，注意力会全部放在自己的爱人身上。

4. 他们乐于一起做新的有挑战性的事情，无论是身体上的还是心理上的。奥莱利发现，这对于男性而言尤其有用：新的共同的经历能够让你对与之分享的那个人的感觉为之一新。

5. 他们会一起打发时间，即使双方腻在一起做家务也是一种情感联络。

6. 他们有很热情的肢体动作，拥抱、轻拍和亲吻脸颊，让爱情之火经久不息。

7. 他们对彼此的身体很着迷。这些夫妻称，当对方抚摸自己时，他们会有温暖和惬意的感觉。

8. 他们会保持性爱之火。这是相互的，人们更喜欢和自己所爱的人做爱，向对方展示自己的热情，享受与对方生理上的接触，这有助于保持性爱之火。

9. 他们很幸福。爱情和总体生活都很幸福，尤其是对于女性而言，总体上的健康感觉有助于保持爱情。

10. 他们每时每刻都想知道对方在什么地方，但这并不是要掌控对方，而是想要知道对方过得怎么样，男性尤其如此。

11. 他们会常常想念对方，女性尤其会为自己的爱人着迷。

12. 他们很热情，对于生活的热情之火有助于他们燃起对彼此的挚爱之火，男性尤其如此。

总而言之，保持好奇心、热情愉悦和善良是感情幸福而长久的最佳配方，反过来，爱情幸福有助于人们保持愉悦和善良。

### （四）与原生家庭的关系

家庭是一个文化系统、传承系统、动力系统、动态平衡系统和周期系统，具有代际性、角色的不可选择性、关系无法解除性、角色不可替代性、家庭角色的缺位与补位等特点。在家庭中，包括父母、父母的父母、父母的子女以及子女的子女，三代人甚至四代人可以同时在一个家庭中生活。夫妻双方中的两个人都有各自的父母，都来自各自的原生家庭，都在父母和各自原生家庭的影响下成长。那么，在夫妻关系中的两个人，是如何受到自己父母以及原生家庭影响的呢？

鲍恩提出家庭代际传递理论，对家庭中每个人的自我状态、家庭中的三角关系、核心家庭中的情感过程以及家庭中的多代传承等进行了理解和诠释。

1. 自我分化

每个人都是一个个体，但是作为人，个体和个体之间是不同的，是有差别的。那么，个体之间的一个重要差别，就是个体的自我分化程度。自我分化，即个体在内心层面和人际层面与家庭中的父母保持既亲密又独立，可以区分理智与情感的能力。一个人与父母的情感融合度和依赖度越高，那么其自我分化程度就越低。未分化的个体几乎不能将理智从情感中分离出来，他们的理智被情感所淹没，以至于他们几乎没有能力客观地进行思考。分化程度高的个体不是只有理智而没有情感的冷血动物，而是能够平衡情感与理智的关系，也就是说，该个体既能够产生强烈的情感和自发性的行为，同时也能够自我克制并且客观地看待事物，因此有能力抵制情感冲动对自身的影响。

通常，自我分化水平高的孩子，其家庭的情感紧密性压力较低，孩子的自我形象不是建立在对焦虑或者他人的情感需要的反应上，也不需要建立在其他人对自身情感歪曲的感受之上，他不会迫于来自父母的接受或赞许这种情感压力而按照家人的信念、价值观等行事，其做事多处于自己的信念、价值观和信心，来自自己的理智。在这种家庭中长大的孩子，能够正常成长，可以和原生家庭实现正常的心理分离。他们能够与他人保持感受、情感、想法和行为上的界限，知道哪些是属于自己的，哪些是属于他人的，在人与人的关系中边界清晰，能够在理智和情感之间找到平衡，能够很好地处理自己内心的冲突，做出有利于自己发展的选择。

自我分化水平低的孩子，其所在的家庭往往情感或紧密性联系的压力强度高，孩子在成长的过程中不能根据自己的需求进行思考和行动，他通常只能对他人做出情感反应而不是理性的思考。当其与重要他人存有不同的想法或观点的时候，往往不能自己做决定，会在不同想法之间摇摆。因此他们很难发展出一个完整的自我，经常用他人的自我来替代或武装自己的自我，自主性不足，经常会自我失控，倾向于情绪化的表达，内心自我的部分与重要他人的部分往往处于不分彼此甚至融合的状态。

分化的基础水平很大程度上是由一个人与抚养他成长的家庭之间的情感分离程度所决定的。这种分化水平一般在孩子到了青春期就已经完成，通常可以持续一生。因此，一个人的成长过程就是一个不断自我分化的过程。当一个人走出自己的原生家庭去建立亲密关系以及自己的核心家庭时，也会自然而然地用自己的自我分化状态与人互动。

2. 核心家庭的夫妻关系

在家庭中，夫妻系统是家庭系统中最为重要和关键的亚系统，是家庭系统的基础系统。在这个系统中，夫妻之间要学会彼此适应对方的需要。一个有活力的夫妻系统能够为对方提供亲密感和支持，共同成长和发展。夫妻系统对孩子而言，为其提供了如何经营亲密关系、如何与异性相处、如何与同辈交往等方面的经验。夫妻系统的稳定性决定着核心家庭的稳定程度，如果夫妻系统出现问题，家庭中成员出现问题的概率就会增加。

从自我分化水平的视角看，在夫妻系统中夫妻的互动是在各自的自我分化水平上与对方的互动。通常而言，人们会选择和他们分化水平相似的人作为配偶。夫妻双方的自我分化水平越高，情感的融合就越低，关系就越可能被那些积极的成分所强化，例如信任、诚实以及相互尊重，彼此之间的边界更为清晰，越能够掌握理性和情感的平衡。夫妻双方的自我分化水平越低，双方的边界越不清晰，对彼此的情感需求就越多，对彼此的依赖就会越深，因此常常会陷入指责、否定、冲突和猜忌中。

通常，在亲密关系期间，如恋爱期间甚至婚姻关系的早期，核心家庭的情感过程通常不会产生问题。随着时间的流逝，来自核心家庭内部和外界对夫妻关系的压力可能会发生变化，因此夫妻双方的情感过程会发生变化。夫妻双方分化水平较低的婚姻容易出现问题，因为在分化较低的夫妻关系里，他们会过度依赖对方来满足自己的需要，而他们自己也会采取过度帮助或牺牲自我的形式去满足对方的需要，在这个过程中，你中有我，我中有你，彼此之间没有边界，因此对自己和他人都会有过度的要求，他们会把自己的事认为是对方的事，要对方为自己负责，然后去强求别人，会把对方的事当成自己的事，主动去为对方承担责任，然后去干涉或控制对方。

3. 核心家庭的三角关系

当孩子出生后，核心家庭的两人关系就成为三人关系，那么三个人的关系就可以形成三角关系。核心家庭的三角关系，具有以下几个特征。（1）一个平衡的两人关系会因为增加第三人而失去平衡。例如和谐的婚姻在孩子出生后出现矛盾。（2）一个平衡的两人关系会因为第三人的离去而失去平衡。例如孩子离家念书，父母婚姻的不和谐增加。（3）一个不平衡的两人关系会因为增加第三人而达到平衡。有矛盾的夫妻在孩子出生后把他们的焦虑投注在孩子身上。（4）一个不平衡的两人关系会因为第三人的离开而达到平衡。在矛盾中支持某一方的人的离开，会使得矛盾减少。家庭的分化程度越低，三角关系对于维持情感的平衡就越为重要。如果焦虑很低，即使在分化水平很低的家庭中，三角关系中的三个人也可以作为三个独立的个体执行其情感功能。但当应激出现时，焦虑增加，三角关系很容易就被激活。尤其在非同寻常的混乱时期，太多的三角关系处于强烈的活跃状态以至于很难在家庭的运作过程中觉察出任何的次序。而在分化很好的家庭中，在压力很高的情况下，人们仍可以维持情感的分离，系统的平衡。

在核心家庭中会出现关系的竞争。分化水平低的夫妻容易在关系上产生焦虑，也容易把孩子拉进夫妻关系里，以其来缓解夫妻之间紧张的关系。比如当父母只有一个孩子时，父母往往会竞争孩子，尤其是当夫妻关系不和谐甚至紧张时会更为明显，通过与孩子结盟来增加自己在家庭中的影响力。一般而言，夫妻中分化水平低的一方或在家庭之外资源较少的一方，如社交活动少、朋友少、文化程度低的一方，容易把孩子拉进三角关系。在有多个孩子的家庭中，那个分化最低的孩子最容易被父母拉进三角关系。在分化水平相同的情况下，父亲更倾向于拉女儿进入自己的阵营，母亲更倾向于拉儿子进入自己的阵营。如果是独生子女，那么孩子通常没有选择的余地，只能成为父母三角化的唯一选择。以此方式进入到父母关系中的孩子，就会面临忠诚的问题，如果孩子与父母一方结盟，就意味着背叛另一方，会让孩子陷入内心冲突的境地。

父母与孩子结盟的方式是多样的，后果是严重的。通常，父母会通过以下方式让孩子进入到三角关系里来：如溺爱孩子，控制孩子，向孩子诉苦，让孩子替自己向另外一方传达自己的需求、意见或抱怨，要求孩子在父母之间选边儿站，要求孩子在父母之间主持正义或者当法官。孩子一旦被父母拉进他们的三角关系，严重时就会出现行为和心理问题，他们往往无法发展自己，他们会用牺牲自己的方式来成全父母。因此在问题婚姻中，就会培养出不同的问题儿童，比如以爱孩子的名义控制孩子，让孩子没有自我决定的能力；让孩子顺从父母的情感需求，对自己的原生家庭给予过度的帮助。因此，只有父母关注的是对自己负责任，并且尊重他们与孩子之间的界限，孩子才会健康成长，对自己负责任，并能够尊重与父母之间的界限。

## 四、核心家庭与原生家庭

核心家庭的发展需要很多来自外界的支持，夫妻双方各自的原生家庭就是核心家庭重要的支持来源。原生家庭是夫妻双方各自最重要的社会关系，来自原生家庭的良好支持有利于提升个体的婚姻质量。研究指出，79%的西方父母向其已婚子女的家庭提供过支持，包括经济支持、服务性支持、个人支持等。在家族血缘文化与社会发展现状之下，我国夫妻与原生家庭的联系更为紧密。对我国大陆地区夫妻的研究表明，夫妻双方的原生家庭向已婚子女提供了大量的经济支持、工具性支持和情感支持。我国台湾地区的研究指出，妻子原生家庭会在婚姻与家庭生活、子女教养等各方面给予支持；我国香港地区的研究也指出，通常在妻子产后的一段时间内，女性原生家庭成员会前来帮忙协助料理家务。一般而言，与原生家庭成员联系越多、受教育程度越高、全职工作的女性，受到原生家庭的支持更多。国内的研究均表明，原生家庭支持主要集中在子女婚姻前十年；来自原生家庭的支持中，情感支持水平最高，工具性支持其次，经济支持最低。

核心家庭可以从原生家庭得到经济、情感以及资源等方面的支持。那么，原生家庭必然对核心家庭的婚姻质量产生影响。有研究表明，积极的原生家庭经验和亲子关系可以预测性生活满意度；原生家庭通过影响个体的依恋类型来影响其婚姻调适水平，对原生家庭的心理感受影响着个体的生活；妻子的原生家庭经验更多地影响夫妻双方的婚姻体验；父母婚姻关系不和睦与个体婚姻是否幸福有密切关系，原生家庭关系的质量可以预测个体成年后婚姻关系的质量。核心家庭婚姻质量的高低，从根本上讲，都是源于核心家庭中夫妻自我分化状态的程度。当一个人走出原生家庭，建立自己的核心家庭后，他/她就需要去与自己的父母划定边界，建设与爱人的关系，维护核心家庭的利益，解决与各自原生家庭的冲突。良好的自我分化状态，能够让他/她处理好上述问题，从而让自己拥有高质量的婚姻。

核心家庭中的夫妻，往往会将原生家庭中自己父母的关系模式带到自己的关系中来，同时也把自己在原生家庭中的自我分化状态带入到夫妻关系中来。夫妻关系是两个成年人的关系，通常是成人关系模式，是平等的、互相尊重的关系。但是有些夫妻关系不是成人关系模式，而是亲子关系模式，也就是说丈夫扮演了父亲或儿子的角色，妻子扮演了女儿或母亲的角色。之所以有这样的关系，主要是因为其在夫妻关系中的角色，受到了其原生家庭的影响，受到其父母如何做夫妻和其在兄弟姐们中排行的影响。

## 五、多代传承

核心家庭中夫妻各自的自我分化程度，都是在自己的原生家庭中、在与自己父母的互动过程中形成的，如果把这个过程放到多代中，就是多代传承。多代传承是指家庭的情感过程是通过多代传承的。多代的情感过程是固着于情感系统的，它包括从一代传递给下一代的有主观决定的态度、价值观和信念。多代传承的假设是指现在所观察到的关系类型和几百年前的关系类型基本上是一致的，甚至可以回溯到这个家庭的更远的祖先。因此，根据多代传承的理论，如果家庭中的孩子出现问题，那么问题不应该只归因于孩子，同样，父母也不应该成为受指责的唯一对象，问题是多代传承的结果，在这个传承中，所有的家庭成员都是参与者和反应者。在多代传承的过程中，良好的家风会传承，创伤也会传承。基于此，很多问题都可以从一个代际的视角来思考。

　　作为核心家庭中的夫妻，要能够对自我分化状态和配偶的状态有所觉察和思考，能够创造有利于孩子自我分化的家庭环境。有孩子的家庭，夫妻要能够进行自我调节，为孩子留有余地，共担育儿的重担，重新调整与扩大家庭间的关系，避免丧偶式婚姻或丧偶式育儿的家庭模式出现。年轻人在离家阶段，不应以情感截断或逃向替代性情感庇护的方式与家人分离，这样可以避免因与原生家庭的分离不当或是过度的情感截断而给自己造成过大的压力。进入中年的父母要认识到子女的成长，应给他们更多的自我空间，放手让他们独立发展；还要能够处理自己与父母间的关系，给予年迈的父母更多的照顾与关怀。

第六章

# 核心家庭中的角色

核心家庭在发展的过程中，夫妻关系是家庭关系的主轴，是处理各种关系的基础。对于夫妻而言，婚姻质量、家庭分工、婚姻中的性与责任、孩子教育与夫妻联盟，以及父母角色等问题，不仅是夫妻关系中的重要议题，也关系到孩子是否能够健康成长，都是核心家庭要面对的重要问题。

## 一、核心家庭中的夫妻关系

### 1. 婚姻质量

夫妻双方进入婚姻后，由两个独立的个体结合成为一个整体，这个整体的结合程度关系到未来婚姻的发展走向，这个结合程度就是通常人们所说的婚姻质量。

婚姻质量实质上是一种夫妻在何为重要事物、如何分享类似事物与活动、如何彼此表达爱意等主题上的相对一致性。婚姻的质量可以从四个方面来衡量：满意度、凝聚力、一致性、情感表达。满意度将通过有关幸福与否和对彼此关系是否后悔来衡量；凝聚力聚焦于夫妻是否一起做事情和交换想法；一致性衡量的是在如经济、朋友、家务等问题上的夫妻一致程度；情感表达涉及情感深度、性关系和夫妻间的爱意表达。婚姻质量对婚姻的发展有着重要的影响，决定着婚姻的未来走向。在通常观念里，高质量的婚姻大体包括夫妻高度的一致性、共同从事各种活动和任务、相爱。因为个体对于婚姻的期待和目标各有不同，所以最佳的测评方式可能是将婚姻现实与个体的婚姻目标以及对于婚姻满意度的主观评价进行比较。"比较水平"这一概念可以帮助人们更好地理解个体对于自己在关系中的获利程度。定义一个高质量婚姻的重点是确定夫妻可通过哪些互动方式达成关系目标、长期维持关系、感到自我满足与幸福。因此，对于婚姻质量的最权威的评价是夫妻双方对于婚姻的满意度。

高质量的婚姻是否意味着婚姻中就没有冲突呢？实际上，婚姻中无冲突并不是健康与高质量关系的必要指标，甚至可以说高水平的一致性和情感表达也不是高质量婚姻的必要指标。有研究表明，在夫妻双方的互动过程中，夫妻间的冲突行为和建设性行为的比例如果在1:5时，关系是非常稳定的，关系良好的夫妻不是不出现冲突，而是在冲突出现后，能否以一种更具有建设性的方式来解决冲突。在夫妻关系中，如果出现以下四种行为，意味着夫妻关系有可能出现严重的问题，甚至会导致离婚：（1）批评。在关系中不仅批评对方做的事，还批评对方这个人，甚至批评对方的家庭。（2）轻蔑。批评不断升级，不能尊重对方直至将对方赶出家庭，通过各种方式表达对对方的不尊重，从细小的躯体动作到直接的语言攻击都在表达对人的不满和愤怒，充斥在两人相处的空间中。（3）自我保护。在相处时激起对方本能的自我保护意识，因为没有人喜欢自己被人指责和批评，长期处于被批评的情境就会让人启动自我防卫机制，尽可能地证明自己是对的、好的，为自己辩护，关注自己的同时就关闭了交流沟通的大门。（4）筑起围墙。筑墙行为，实质就是拒绝回应，拒绝沟通，让问题的解决成为不可能。如果上述四个特征成为夫妻互动的主要特征，那么这个婚姻的质量将受到严重影响。有研究表明，夫妻之间的建设性行为和冲突行为的比例如果超过0.8:1，婚姻关系就会面临严重的挑战，甚至会导致离婚。因此，对自己的婚姻状态有觉察能力，并能够建设性地做自我调整和改变，是高质量婚姻的必备条件。

2. 家庭分工

丈夫和妻子在家庭分工中是存在差别的，女性比男性承担了更多的家务劳动。在中国，历来具有男主外女主内的传统，从文化上决定了在家务分工上的不平等性。但是随着社会的发展和女性受教育程度的提高，女性的就业率也大幅度提高，然而女性的家务劳动并没有因参加工作而明显减少，家庭分工并没有发生明显的变化。

从宏观层面上看，家庭分工的不平等，在一定程度上展示了男女两性在机会面前的不平等，也在一定程度上表明男权主义的意识形态是如何影响家庭角色安排的。在家庭生活中，因为女性对家庭生活的付出，提高了男性在家庭之外的权利，让男性可以把注意力集中在高回报的工作上，同时也导致了女性对男性依赖程度的增加。尽管女性的受教育程度在提高，但是在择业时仍存在一定程度的性别限制甚至性别歧视，女性在工作方面受到阻碍，进一步强化了他们对丈夫的依赖。在一定程度上，家庭依然是男性对女性劳动行使男权控制的场所。从这个角度出发，往往会发现家庭中不平等的根源在于不利于女性就业的主流文化、职场中的不平等结构和丈夫的男性至上主义意识。只有社会结构发生根本性改变，才可能真正改变家庭中家务劳动的分工状况。

从微观层面上看，家庭分工是妻子与丈夫自由协商的结果。家庭要存续下去，需要持续不断的资源，夫妻双方作为一个整体，要共同创造家庭资源。和妻子相比，丈夫在劳动力市场更具有优势，拥有更多的资源。拥有资源的差异决定了夫妻间的权力差异，拥有资源多的人，拥有的权力也多，而更大的权力通常可以让一个人得到更高的报酬和奖赏。因此在夫妻协商中，拥有资源量的差异决定了家庭中的分工状态。这就成为一个不断被强化的循环，不平等的角色又进一步加强了可获取资源的差异。在夫妻协商的过程中，金钱、声望、信息等是最有用的资源，但是这些资源往往只有通过家庭之外的经济角色才能够获得，因此，参与家庭之外活动多的人就获得了更多的此类资源，而这种参与的可能性是受限于宏观社会进程的。

因此，从宏观层面和微观层面上来看，家庭分工是在一定的社会背景下的家庭决策。随着社会的进步，女性的受教育程度提高，走出家庭参与社会生活的意识提高，那么如何相应地调整家庭分工，是每个核心家庭都需要面对的重要议题。

3. 婚姻责任与稳定

婚姻是两个人的事情，取决于两个人各自对婚姻的态度。一个人是否愿意待在一段关系中并愿意付出努力来维持这段关系，反映了一个人的责任心水平。

在心理层面上，责任是保持信念、行为或关系的愿望或动机。迈克尔·约翰逊界定了婚姻中责任心的三个类型，分别是个人型责任心、结构型责任心和道德型责任心。个人型责任心是一种因为这段关系有益而留在这段关系中的愿望，也就是说在婚姻中的获益，让他/她想要维持这段关系，比如婚姻让人有稳定感和归属感，能够享受子女带来的快乐和幸福感受。结构型责任心是一种因为个体没有其他更好的选择，或者结束关系要付出太大代价，而想要留在一段关系中的愿望，也就是说因为他/她不是必须要维持这段关系，但是这段关系的结束不能带来好的结果，甚至是更为糟糕的结果。比如当个体为了孩子而不希望孩子受到更大的伤害或是因为自己的经济状况不能独立、患有疾病而不能独立生活，而待在婚姻中以便把对孩子的伤害降到最低、自己的生存需要能够被基本满足，从而选择待在一段不快乐的婚姻中，这样的人具有较高的结构型责任心。此外，社会规则也会让人具有较高的结构型责任心，如婚姻法对离婚的要求严厉时、社会对于离婚的人有明显的歧视时，结构型责任心同样也非常高。道德型责任心是一个人留在一段关系中的愿望并不是因为任何益处或不能离开，而是因为应该这样做，认为自己应该留在婚姻中。道德型责任心可能源于自我认同感和强烈的信念系统，内心有对自己明确的要求和规则，以免受自我批评和指责。例如，即使夫妻之间存在冲突，还是认为必须要给孩子提供一个完整的家，因此不能离婚；夫妻尽管关系不良，但是一方患病，未患病的一方认为自己必须要照顾对方。

责任心在婚姻关系中至关重要，因为它不仅影响婚姻关系是否有解体的可能，也影响婚姻中个体对关系带给自己的益处的评价。即使处于冲突中，责任心高的个体倾向于忽视其他可能的选择，更愿意承担责任而不选择离开。而责任心较低的个体倾向于与其他可能的关系主动做对比，并且因此更可能因为其他看似有益的关系而放弃现有关系，从这个角度看，责任心低也就意味着婚姻稳定程度的降低。

4. 性与婚姻

性是一个私密的议题，伴随着人们观念开放程度的提高，对婚前性行为的接纳程度也在不断提高，因此，大多数人在进入婚姻前就已经有了完整的性关系。婚姻被认为是性的转折点，因为当人们进入婚姻后，一些心理压力会伴随婚姻而来，这些压力会导致夫妻性关系中出现从未有过的性问题。

在全世界关于性的社会规范中，夫妻之间的性行为是被认可的异性活动类型，没有人会否认婚姻中性交往的重要性。从金赛研究所的一份报告来看，婚姻性行为的频率随着年龄增长而减少，从十几岁的每周平均3.7次降至30岁的2.7次，在40岁会降至每周1.4次，而在60岁降至每周0.8次。婚姻性行为的发生率与频率在婚后的一两年内达到高峰，从那之后性频率便稳定降至老年群体的平均频率。女性中没有其他的活动像性行为这般随着年龄稳步下降。对于性生活频率下降和年龄的关系有三种通常的解释：一是夫妻双方各自在生物学上的衰老，使性交不再像年轻时一样；二是与伴侣性交时的熟悉感，让人失去了性兴趣；三是孩子的出生，带来了家庭外在关系的改变和夫妻内在关系的改变，从时间、精力、生理上侵占了夫妻双方的心理空间和资源。有研究发现，婚姻中性活动与婚姻满意度有关系，性是婚姻幸福的指示器。性生活的满意度由两部分组成，性生活的满足和情感上的满足。有研究发现，在一个持续的关系中，已婚男女的满意度明显高于同居者或单身男女，较高的满意度反映了婚姻内更强烈的情感承诺和性生活的排他性。同样，性生活频率也和满意度相关，有研究表明，那些性生活频率高的人，对婚姻的满意度也高。

那些对于性生活满意的人，具有以下特点：有平静的心态，对性接受的态度；很大方，乐于给自己的伴侣性快乐；善于倾听对方的意见，并且明白对方的习惯、情绪、爱好和厌恶；能够交流、沟通。

性不是婚姻中最重要的部分，但性是人的生物属性的一部分，也是人的社会属性的表达载体，因此要给予婚姻中的性足够的重视。

## 二、核心家庭中的孩子

### 1. 生孩子对夫妻关系的影响

生养孩子对于夫妻关系有什么影响呢？

很多研究得出了高度一致的答案，压倒性的证据证明，孩子的出生会降低父母的婚姻幸福感。研究表明，没有发现孩子会给婚姻质量带来积极影响的任何明确证据，并发现了消极影响的有利证据。夫妻有了孩子后，与之前没有孩子的时候相比，报告出更低的婚姻幸福感、更多的紧张氛围和更频繁的冲突。这些结果提示，当人们想要通过生养孩子来减少家庭成员之间的冲突或提高婚姻质量时，这样的想法是要受到现实挑战的。

哪些夫妻的关系最容易受到影响呢？有研究表明，有孩子之后，最不容易失去爱情的夫妻，是生孩子之前就很幸福的夫妻和计划怀孕的夫妻；那些意外怀孕的夫妻，其关系则最容易受到孩子出生带来的影响。因此，有计划的怀孕会让夫妻双方都做好做父母的心理准备，以应对新的身份带给自己的挑战。

2. 不同年龄段的孩子对夫妻关系的影响不同

不同年龄段的孩子，对夫妻关系的影响是不同的。孩子对夫妻关系的影响，从胎儿期就已经开始了，从一颗受精卵到逐步成长为核心家庭的重要角色，孩子的作用从来就是不可低估的。

在胎儿期，孩子对母亲就会有影响。很多研究证明，有些女性在怀孕期间会经历"婴儿脑"的状态。"婴儿脑"是对女性在妊娠过程中短暂的记忆缺失的形象描述，有些女性在孕期会吃惊地发现自己甚至无法记起刚刚发生的事情。查普曼大学心理学家劳拉·格林对这种现象给予了解释，认为这有助于让母亲将注意力集中在自己尚未出生的孩子身上。还有一种情况，就是怀孕的母亲在孕期，特别是在预产期临近时，会给即将出生的孩子准备各种各样的物品以迎接孩子的到来，这被称为"筑巢行为"。因此在核心家庭中，丈夫要能够清晰地意识到，在孕期，需要在尊重一位孕妈妈的智慧和接受其疯癫之间找到微妙的平衡，这是一种必然要面对的状态。当然，怀孕会对女性的工作、生活习惯、身体状况、情绪等带来很多影响。

在孩子出生后，夫妻关系随着孩子年龄的变化而变化。很多婚姻类型的模型呈现出 U 形曲线图案，这就是说，婚姻中爱意和满意度的曲线在婚姻开始时最高，而在孩子出生与孩子离开家这些年间开始下降，并在后期慢慢上升至与婚姻开始时一样的高度。也可以说，夫妻双方对婚姻与家庭生活的满意度在生命周期前半阶段呈下降趋势，在后半阶段呈上升趋势，如果把数据汇成曲线，即成为一个 U 形。具体来说，从没有孩子的年轻夫妻到有学龄前孩子的家庭，到有学生孩子的家庭，到有青少年的家庭，不管是丈夫还是妻子对家庭的满意度均呈下降趋势。在孩子开始踏入社会的时期，妻子的满意度继续呈现下降趋势，但是丈夫的满意度会在此阶段出现轻微上升，家庭满意度在空巢阶段骤然上升，在退休时期继续小幅上升或者稳定在高水平状态。

孩子对于夫妻关系的影响，主要是因为为人父母后有三个社会后果。第一，父母身份将改变父母的雇佣模式和双方的收入。有研究表明，对于男性而言，有父亲身份的与没有父亲身份的男性相比更可能找到工作，并且工作时间也更长，会更多地承担家务；对于女性而言，绝大多数已婚女性在怀孕前都会工作，部分女性会随着怀孕而离开工作岗位，有孩子对女性收入具有一定的消极影响。第二，为人父母产生的心理影响。研究发现，那些有孩子的家长比那些没有孩子的家长的心理困扰和怒气水平更高，孩子给母亲带来的压力更大，并且这种压力随着孩子数量的上升而上升。两种典型的压力包括经济压力和照顾压力，因为经济地位的不平等和家庭责任的不均分配导致母亲的烦恼和压力最大。第三，与婚姻稳定性有关。因为从短期来看，婚姻满意度会随着孩子出生而降低，孩子的出生导致了婚姻生活质量的下降。孩子出生带来的问题，会引发夫妻冲突、家庭矛盾甚至离婚。

3. 夫妻联盟

进入婚姻，尤其是当孩子出生后，夫妻关系日益受到了巨大的挑战，因此夫妻之间要巩固夫妻联盟，更好地彼此支持，以更好地照顾家庭和教养孩子。

（1）相互依恋。

在照顾孩子时，最有力的支持往往来自伴侣，因此夫妻之间相互扶持，不仅能够照顾孩子，还能照顾自己。孩子会激发夫妻各自的依恋模式。在初为人父母时，因为孩子的到来，夫妻双方的二人世界被打破，原本已经形成的稳定的关系模式受到挑战，自己的依恋模式在压力下会被激发，就会表现出不同于以往的、明显的情绪状态。比如，焦虑型的人担心被爱人抛弃，会跟孩子竞争爱人的爱，对孩子的淘气行为可能反应过激或者过于保护；回避型的人原本对情感的需求不敏感，不善于做情感回应，对于极端情绪会表现出明显的不适应，当孩子需要耐心教育时，可能不会表现出对孩子的同理心或者会拒绝孩子，从而让孩子受挫。

夫妻是彼此的避风港湾。在婚姻关系中，夫妻双方能够求助的避风港湾通常是自己的伴侣。对于安全型的人而言，面对明显的情绪状态时，向伴侣求助后，即使无法直接从对方那里得到满足，但只要想到对方、知道能够会从对方那里获得安慰，已经足以让一个人将情绪稳定下来。对于那些自身不属于安全型依恋的人而言，管理自己的情绪会更为困难一些，因此，借助自己伴侣的帮助来调节自身情绪，是一种非常健康的、有建设性的行为。焦虑型的人需要自己的伴侣能够回应自己的焦虑，如果对方不这样做会让其感到不安，如果可以的话，安全型的伴侣愿意提供其所需要的帮助，但是伴侣不可能每次都及时给予帮助，因此对于焦虑型的人而言，更为健康的一种方式是学会自我平复情绪，让自己能够有独立应对的能力；当伴侣有空时，寻求其支持时才会更加冷静，更有建设性。作为焦虑型依恋的人的伴侣，能够明了伴侣具有焦虑的特性，如果在对方需要支持时不能及时给予回应，可以通过简短的回复来安抚支持对方，比如说"现在在忙，十分钟后联系你""想你"，这样也会让对方感觉到联结，给对方提供一定的确定感，知道有人对他关怀和惦念。

回避型的人一般会压抑自己的情绪并拒绝他人帮助，其内心都感觉其他人不可靠，不能帮助自己，更相信自己的力量，自我照顾和帮助。获得他人帮助通常会让安全型和焦虑型的人心安，但是却会让回避型的人感觉受到威胁，因为接受他人帮助会让其感觉好像自己放弃了部分自立能力，并承认归根到底自己还是需要他人，而在过往的经历中他人都是不能给予自己支持的，自己已经对他人心怀失望，而来自他人的帮助会让自己产生对未来失望的担心。因此，对于回避型依恋的伴侣，保持适当的距离，当其需要帮助时及时给予帮助，增强其信任感，在其舒适的状态下互相支持，调整彼此的互动模式。

夫妻双方进入婚姻后，是一种融合状态，彼此成为一体，互为资源。在成为父母之后，原有的不安全依恋模式激发出来，如果一方伴侣习惯于通过切断的方式来应对痛苦的感觉，自己不仅不能够得到帮助，而且也会让给予帮助的一方觉得自己不被需要，甚至被看轻，觉得自己是一个外人。因此，在夫妻关系中，在遇到困难时彼此支持和依赖，是一种信任，更是一个让自己更有力量的支持方式。

（2）互相支持。

在为人父母的过程中，父母自己的很多复杂、强烈的情绪情感，表面上是与孩子有关，但本质上是与其本人的童年经历有关。从心理学视角看，一个人的原生家庭会影响自己的人格状态。如果一位父亲在其童年遭受过家庭暴力，那么在他心中会有一个理想的好父母，但是他自己成为理想父母非常困难。即使这位父亲在理智上发誓绝对不打孩子，不通过暴力解决问题，不把孩子作为自己愤怒情绪的出口，但是当孩子的情绪、行为挑战了自己时，最有可能的方式就是习惯性地用曾经被对待的方式来对待自己的孩子。那么，如何避免这种教养模式重复发生呢？

有研究表明，积极沟通和伴侣的热情有助于人们打破这种不良的循环模式。对于这种不良教养模式，有效的方法就是伴侣之间建立联盟，双方共同做一个约定来互相提示、监督彼此的行为，比如约定一个手势或者一句特定的言语，当一方出现这种状态时，另一方通过约定的手势或者言语来给予提醒，并主动介入来处理问题。此时，对于等待伴侣支持的一方而言，是一个向自己爱人学习如何处理这种问题的好时机。如果伴侣一方对自己为人父母很有信心，但对方有问题的话，双方最好做一个约定，就是在教育孩子的过程中，如果一方的方式不当甚至出现了错误，另一方也要尊重对方。在为人父母的过程中，打破内心不良亲子模式的循环不是一件容易的事，夫妻结盟共同努力，才有可能得到更好的结果。当然，家庭中的孩子不断成长的同时，夫妻双方更要清晰地认识到为人父母对自己来说是一项新的挑战，也是自己一个新的成长机会。

（3）共建规则。

当孩子犯错、情绪失控时，父母要如何应对？这是家庭生活最常见的问题，也是一个非常容易发生夫妻冲突的问题。对于这样的问题，夫妻需要提前沟通，明确好处理这些事情的家庭规则，哪些可以接受，哪些不能接受，要更为明确不能接受的规则，比如家中不能使用暴力、要彼此尊重。这些规定要简短明确，便于记忆掌握，不建议篇幅过长。协商一致的规矩一旦明确，就需要双方共同遵守。如果一方在与孩子互动时破坏了某些规则，需要在孩子不在场时讨论协商。对于教育孩子而言，父母盛怒之下的即兴发挥是有破坏性的，需要避免。对于孩子的不良行为，夫妻需要双方商定惩罚措施，并确保可以施行。在这种稳定的情况下，对孩子而言，能够明确知道父母的规则，知道自己做事的界限；对父母而言，这种规则的持续性也让其有更多的控制感，让自己能够有理性的预期。

## 三、核心家庭中的母亲

### 1. 心理学视角下的母亲

对于孩子而言，每个孩子的健康成长，都离不开好妈妈。那么，妈妈是怎样的一个状态，有利于孩子的成长呢？

（1）足够好妈妈。

英国心理学家温尼科特提出了一个"good - enough mother"的概念，一般翻译为"足够好的妈妈"。在孩子发展的不同年龄段，足够好妈妈的意义是不同的。这种不同，是与孩子自身的发展需要相适应的。母亲和孩子的关系是动态的、变化的。

在婴儿刚出生时，为了让婴儿顺利适应环境的变化、获得足够的安全感，足够好妈妈要全身心投入到照顾婴儿的任务中，丧失了自己作为主体的人的状态，在一种原初母性专注的状态下照顾婴儿，围绕婴儿进行各种活动。温尼科特强调了环境足够好就会促进婴儿成熟的发展，婴儿依赖环境的供养，并且环境要适应婴儿的需要，母亲的照顾是最重要的环境因素。足够好的妈妈就是要让婴儿形成这个世界是婴儿创造出来的全能体验，如婴儿饿了奶水就来了、困了天就黑了，婴儿有这样的心理现象是正常的而且非常必要的，以保持其心理发展状态的连续性，就如同在母亲的子宫里时所有的供养都会自然而然根据婴儿的需要来给予满足。

在婴儿成长的过程中，母亲逐步从原初母性专注的状态中退出来，她开始对自己的一切重新感兴趣，关注点逐步从婴儿转向自身，从而对婴儿的反应变慢，开始逐步错过婴儿的某些需要。母亲不再帮助婴儿产生主观全能感的做法让婴儿产生了一些痛苦感。这让婴儿开始慢慢意识到自己不是全能的，不是自己的需要创造了满足，而是母亲的反应性创造了满足。这样婴儿第一次开始感觉到了对母亲的依赖，逐步意识到世界不是按自己的主观愿望构成的，个人愿望的满足不仅仅需要表达，而且需要与别人协商，别人也都有自己的愿望。所以，一些不满足对婴儿情绪的成长是有帮助的。若婴儿的需要总是被满足，让孩子感觉自己一直都是与母亲融合在一起的，会认为是自己创造了母亲，那么婴儿很难把母亲放在一个适当的位置。所以，如果母亲有时候不满足婴儿，会让婴儿意识到母亲不是他的一部分，母亲也不是他创造的，他就能意识到他是他，母亲是母亲。当然，母亲不满足孩子会让孩子产生生气、哭闹等攻击性行为，这种攻击性有助于帮助婴儿将母亲从自我里分离出来。所以，如果母亲总是满足孩子，似乎母亲总是和孩子是一体的，虽然满足带来好的感觉，但会让孩子一直停留在全能感的幻想里，影响孩子的心理发展。孩子需要经历从对母亲的绝对依赖到相对依赖，最后朝向独立的过程，这是一个孩子逐步发展成为一个独立个体的过程。

（2）成为足够好妈妈。

温尼科特有关儿童心理发展理论的中心主题，是强调母婴的养育性配对，即婴儿不是一个被隔离的个体，而是养育配对的必要部分，没有母亲的照顾就没有婴儿，婴儿的发展离不开母亲的照顾，"婴儿的发展"和"母亲的养育"是一个联合体。因此，温尼科特提出了两条儿童心理发展过程的线索：其一，儿童的心理发展过程是人与人之间、人与环境之间关系的发展，先后表现为绝对依赖、相对依赖和朝向独立三个发展阶段；其二，儿童在足够好的母亲的环境中，从原始的未整合状态发展到有结构的整合状态，并伴随着形成客体关系的能力，成熟过程的三个阶段是整合、人格化和现实化，它们大致与母亲养育的三种形式——抱持、爱抚和客体呈现——相重叠。

婴儿的绝对依赖阶段大致从出生到六个星期至三四个月之间不等；相对依赖阶段在之后到 18 个月至两岁不等；当婴幼儿成功地完成了前两个阶段的任务时，朝向独立阶段就开始了。

A. 绝对依赖。

绝对依赖阶段是婴儿情绪发展的最早阶段。在此期间，母亲处于"原初母性专注"的状态中，被婴儿完全占有，婴儿完全依赖母亲，甚至不知道这是母亲的关照。任何影响、冲突、伤害或适应失败都会引起婴儿的反应，这一反应切断了持续存在的状态。在绝对依赖状态中，婴儿完全和母亲融合在一起，意识不到母亲的供养。

婴儿在出生前，在母亲的子宫里时，需要通过脐带完全依赖母亲的身休自动提供其所需；出生后，需要母亲人工满足其需求。因此，母亲照顾得越全面，婴儿的身心成长越好。从婴儿的视角看，绝对依赖的主要特征是婴儿绝对没有意识到母亲的照顾以及自己对母亲的依赖，母亲和自己是一体的，婴儿认为是自己创造了周围的世界。

B. 相对依赖。

在这个阶段，婴儿开始知道自己是依赖母亲的，并会对这种认知感到焦虑。婴儿在这个阶段能够逐步区分出"我"和"非我"，具有一定的延迟满足的能力，认识到自己是需要母亲的。在这个阶段，母亲对婴儿的回应逐步从完全满足到适当的满足，逐步给婴儿呈现一个可信赖的、稳定的世界，婴儿逐步表现出自己对世界的理解力，逐步意识到自己对母亲的依赖，也慢慢地接受这种状态。因此，母亲逐步从原初母性专注阶段脱离出来，从身体与情绪上逐渐脱离与婴儿完全认同的阶段。当婴儿成长且独立性逐步增强时，母亲也逐步独立起来。在母亲的照顾过程中，婴儿逐步开始接受现实，逐步发展出有别于母亲的"自体"的感觉。如果母亲从原初母性专注阶段脱离出来得过于突然、过于迅速，而不是渐进式的，就会在婴儿的连续发展进程中引起突然的中断，就会造成婴儿发展方面的问题。

C. 朝向独立。

这个阶段描述了蹒跚学步的儿童和青春期少年的努力和发展，意味着儿童发展了心理机制以及智力理解力，其成长采取了一种内部与外部现实连续的相互交换的方式，逐步与社会认同。婴儿的前两个阶段发展得好，就能在经验基础上建立一个健康稳定的内部世界。

婴儿的成熟过程是与母亲提供的养育的质量密切相关的。

第一，抱持让婴儿感到安全。在绝对依赖阶段，母亲要知道怎样抱持婴儿，让婴儿感到安全，成功的抱持能够让婴儿在现实生活中建立起积极的感觉，让婴儿感觉到自己是一个实实在在的人。婴儿通过母亲的反应感受到自己，好的抱持会让婴儿感到自己是好的、愉快的；而支持性抱持的缺乏将会导致婴儿自我整合的发展受挫。父母要给婴儿提供适合其需要的环境，否则就会让婴儿被迫顺从，因为作为弱势地位的婴儿没有选择的余地，只能屈从于父母提供的环境。

第二，爱抚促进婴儿的自我与身体形成一个稳固的联合体。够好的爱抚可以使婴儿的"心理存在于身体之中"，为婴儿的自我提供一个基础，让婴儿的自我与身体相连接。如果自我和身体之间固定的连接消失，将产生不真实的陌生感，并且还随之产生与自身接触之外的感觉和与自己身体存在的距离感。

第三，客体呈现让婴儿与外部世界产生关系。在照顾婴儿的过程中，母亲通过呈现如乳房、奶瓶等客体来向婴儿呈现外部世界。这种客体的呈现让婴儿与外部真实世界建立联系，够好的母亲会呈现客体以满足婴儿的需要，让婴儿活跃地参与到他自己的本能的满足中，在这一过程中，一些非创伤性的不满足对于婴儿情绪的成长是有帮助的，这种不满足会帮助婴儿将客体从自身中分离出来，非创伤性挫折帮助婴儿尊重非我世界的存在。

足够好妈妈在绝对依赖阶段，给婴儿足够的百分百的照顾，以丧失自己主体感的姿态去照顾婴儿，给婴儿足够的抱持、爱抚，让婴儿在主观世界中形成全能的自我感；在相对依赖阶段，母亲逐步从原初母性专注阶段脱离出来，让婴儿适当受挫，逐步认识到客观世界和主观世界的不同，增强其现实感；在朝向独立阶段，逐步让孩子适应外在世界，增强自我感，给孩子支持，逐步和外部现实相对接，逐步与社会认同。

（3）心理实验：静止脸效应。

静止脸效应是母婴互动中出现的一种现象，当母亲在正常互动中突然表现出"对孩子完全没有反应，并且保持面无表情"时，婴儿也会有相应的回避、退缩等行为改变。通常，70天大的婴儿能够和自己的母亲进行良好的面对面互动，但当母亲突然表现出"对孩子完全没有反应，并且保持面无表情三分钟"时，婴儿也会有行为上的改变：他们一开始会"朝向母亲"，并且"十分卖力地跟她打招呼"，但当母亲"没有能正确地反应时"，婴儿会迅速严肃起来并且变得小心谨慎，他们会不断尝试将互动转变成正常的模式，但当他们的尝试失败时，婴儿会表现得退缩，将自己的脸和身子转离母亲，并且会有失望的面部表情等一系列行为表现，研究者将这种效应称为静止脸效应。

2. 进化论视角下的母亲角色

根据进化心理学的理论，父亲和母亲在照顾后代的过程中承担了不同的责任。父亲要为子女的成长提供资源，是家庭资源的提供者；而母亲要怀孕并照顾子女，是子女的主要照顾者。在人类进化的过程中，父母的角色分工逐步形成，成为人们共同的潜意识。

大量的跨文化数据表明，母亲的确在抚育子女方面远比父亲投入更多。在照顾子女的过程中，母亲比父亲更擅长辨别婴儿的表情，对婴儿的回应可以使婴儿建立起安全的依恋；母亲对消极表情所传递的危险信号非常敏感。母亲的"照料和友善"可以提高子女的存活率。在远古时代，母亲照料是指保护子女不受猛兽的袭击，帮助子女避开其他危险，安抚子女让他们安静下来，不让敌人和猛兽发现。友善是指母亲能够建立和维持社交网络，给子女提供一个群体保护圈。比如，当面临压力时，母亲比父亲更有可能向其他人求助。

3. 社会对母亲角色的期待

中国历来有"男主外，女主内"的家庭成员分工，母亲在家庭中要完全承担繁衍和教育下一代的任务，社会对于女性的角色期待是"贤妻良母"。但是随着社会的发展和进步，女性要求解放，渴望实现男女平等。同时，随着女性受教育水平的提高，女性已经能够更多地参与到社会的各个领域中来，参与到更多的社会活动中来，通过收入和资源在家庭中获得更多的权力。因此在一定程度上，母亲在家庭中具有多重身份，既有照顾子女的角色，尤其是子女处在婴幼儿阶段，还要承担部分类似父亲的为家庭谋取资源的功能，为个人的发展创造空间。母亲在养育子女的过程中，承担着巨大的压力。母亲作为孩子的主要照顾者，更需要整个家庭系统提供资源给予照顾。

有研究表明，母亲抚养压力越大，对儿童的支持行为越少、不支持行为越多。这可能的原因是：第一，抚养压力较大的母亲，对儿童的关注、兴趣相对较弱，这会影响母亲与儿童之间的交流，增加母亲对儿童的限制；第二，抚养压力较大的母亲，自我效能感相对较低，当面对儿童提出的问题或请求时，如教孩子识字，或者给孩子讲故事，常常感到力不从心或没有耐心；第三，抚养压力较大的母亲，心理健康水平和心理调节能力较低，当其处于焦虑、紧张、抑郁等消极情绪状态之中时，往往不能很好地加以调控，容易迁怒于儿童；第四，抚养压力较大的母亲，往往没有更多的时间和精力与儿童一起游戏、外出或从事其他活动。因此，为了让孩子能够健康地成长，父亲就要为母亲创造条件，要为孩子及家庭提供孩子成长所需要的资源。因此，对于家庭而言，夫妻双方任何一方的功能不足或者丧失，都会对整个家庭功能产生影响甚至损伤。

> **知识窗：关于产后抑郁**
>
> 　　有研究表明，第一次当妈妈的人比较容易患产后抑郁，首次生产发生的机率为 10%~15%。通常会在产后第二至三周开始，产后第四至五个月达到高峰，症状可持续六至九个月。产妇们会有抑郁症及神经衰弱的症状，如心情低落，凡事都提不起兴趣，食欲减低、失眠、

思考及注意力变差，有罪恶感、无助绝望感、虚腕无力感，身体不适，自我评价低。除了会觉得无法照顾新生儿外，产妇中高达50%的人会有不自觉想伤害婴儿的冲动，这种情况与个人过去的精神病史、怀孕期间的忧郁情绪、生活压力，以及配偶的支持如产前、产后的情绪与物质上的支持，都有密切的关联。

产后抑郁的原因主要有以下三个。第一，生理原因。母体在怀孕期间会分泌出许多确保胎儿成长的荷尔蒙，但在产后七十二小时之内逐渐消失，改为分泌供应母乳的他种荷尔蒙。在这段很短的时间内，母体内的荷尔蒙因此发生剧烈变化，而导致精神上种种不安，如头疼、轻微忧郁、无法入睡、容易掉发、手足无措等症状。第二，个人与家庭情况。产妇的抑郁症症状的轻重视个人状况以及家庭的支持程度而定。第一次生孩子、个人过去曾有情感性精神病、家庭支持少的产妇易发生产后心理疾患。第三，社会心理压力。女性在怀孕生产的阶段就承受了极大压力，除了体内荷尔蒙的剧烈变化、生产过程的痛苦、体力的消耗之外，在社会心理方面也必须面对角色的转换以及生活适应的问题。

## 四、核心家庭中的父亲

著名的心理学家格尔迪说："父亲是一种独特的存在，对培养孩子有一种特别的力量。"英国著名文学家哈伯特也说过："一个父亲胜过100个校长。"在家庭生活中，母亲要怀孕并照顾子女，是子女的主要照顾者；而父亲要为子女的成长提供资源，是家庭资源的提供者。在家庭教养中，和母亲一样，父亲也是同样不可缺少的重要一员。

1. 父亲角色

19世纪以前，对于父亲角色的定位，更多是一家之主、道德教育者，其作用是为家庭做决策，并确保孩子能够发展出恰当的价值观。工业革命之后，父亲的道德角色被削弱了，取而代之的是家庭的物质供养者、经济支柱以及性别角色模范。到20世纪70年代，"作为照料者的父亲"的角色才被提出，父亲参与到孩子生活的重要性也进入心理学研究的范围。

父亲进入照顾角色的过程，是一个渐进的过程。在孩子出生前和刚出生阶段，父亲更多的是家庭物质资源的提供者，是母亲的照顾者和支持者。如果说这个阶段母亲是一线工作，那么父亲就是为一线提供资源和支持的后勤供给和保障。随着孩子慢慢长大，父亲渐渐从幕后走到台前，从需要妈妈安排才进入到被动照顾孩子逐步过渡到主动提供照顾。有研究表明，孩子出生的第一年，对父亲和母亲的依恋几乎是同时出现的，尽管大多数孩子会对母亲表现出偏爱，分离焦虑也更多地出现在与母亲分离的时候。而在第二年里，女孩对父亲和母亲的依恋已经没有明显的倾向性，但男孩会对与父亲的交流表现出明确的偏好来。父亲不仅是孩子的供养者、引领者和性别榜样，也是孩子生活的参与者，承担着对孩子进行养育、沟通、支持、鼓励、回应等责任，在孩子各个方面的参与都会深刻影响其成长进程。

2. 爱的荷尔蒙

在一个男人成为父亲的过程中，也会像一个女人成为母亲那样，发生荷尔蒙分泌的巨大变化。催产素是一种哺乳动物激素，是一种肽类激素，由垂体后叶分泌，由下丘脑室旁核和视上核合成，是人与人之间亲密关系的起源。催产素被称为"爱的荷尔蒙"，它能够减少焦虑，唤起平静、满足的心情和安全感，增加信任，减少恐惧。催产素与成人之间的爱情、母亲与孩子的联结都呈正相关。

有研究表明，在孩子刚出生的几周和孩子出生 6 个月后，父母各自的催产素的水平都一直在提高，而且父亲和母亲的增长是同步的。研究者认为，抚养孩子的过程中一系列与孩子互动的活动让这种激素产生。也有研究发现，当父亲与孩子玩耍时，催产素水平会升高；而体内催产素水平越高，父亲越会抽更多时间陪孩子玩，而且会表现出更多的爱心。还有研究表明，在看自己幼子的照片时，父亲们大脑中与奖励和同情相关区域的催产素水平会有所上升。

因此，从进化论视角看，男人的父亲角色是具有一定生物基础的。当一个人进入父亲的身份时，他也就选择进入一段与孩子的关系，自然而然地承担起了父亲的角色。

### 3. 父亲的角色不可替代

在关系层面看，父亲具有多重重要意义。从夫妻关系上看，母亲对孩子的照顾是本能，原初母性专注的本能使其责无旁贷，会以一种忘我的方式投入到对孩子的照顾中来。但是母亲作为一个人，照顾孩子的巨大压力需要她得到来自父亲道德和精神上的支持，因此父亲进入对孩子进行教养中的关系，可以保持夫妻良性互动，互为支持。从核心家庭的三人关系看，父亲进入到母婴二元关系中来，使原本的二元关系变为三元关系，让孩子在关系中学会亲密、支持、冲突、妥协甚至退让；能够学会从与一个人建立关系，逐步去与两个人建立关系；在建立关系的过程中，孩子学会对同性别父母的性别角色认同，学会和异性相处，感受亲密互动，并初步建构自己亲密关系的模板。从亲子关系上看，对孩子而言，父亲对孩子无私的、出于本能的爱，具有很多正面和积极的品质，和身边其他男性对待自己的方式不同，能够帮助孩子体会到爱，增强安全感。父亲与孩子建立联结的方式是不同于母亲的，具有男性的理性、果敢、坚韧等特质，为孩子打开了一扇男性视角之门，用一种全新的方式与世界互动。

与母亲相比，父亲引领孩子探索世界的方式不同。通常而言，母亲和孩子之间的关系更多体现为温暖、安全、抚慰；而父亲和孩子的关系则更多在于引领、探索和创新。良好的父子关系会帮助孩子在以下方面获得满足：被刺激和唤起情绪，感到惊奇，超越极限，勇于面对危险，抵抗压力，在陌生的环境中无所畏惧，敢于独立生存。以上这些，通常是通过父亲与孩子之间的身体游戏活动来完成的。有调查发现，在与孩子的互动中，父亲会把 75% 的时间用在和孩子的游戏性互动上，25% 的时间用在照料性互动上；而母亲与孩子照料性互动和游戏性互动的时间各占 50%，母亲与孩子的游戏也更多的是认知游戏，而非身体的游戏。

与母亲相比，游戏是父亲与孩子建立联结的方式。在孩子出生第二年以后，到上小学前，高频次的身体游戏是孩子和父亲之间建立起联结的最好方式。有学者认为，在所有的游戏形式中，"打闹游戏"被证明能够有效地提升孩子的责任心、自信心和竞争力，尤其是在父亲和儿子的关系中。与女儿相比，在游戏过程中，父亲往往会给儿子设置更困难的情境，或做出更重的惩罚，游戏的过程中的冲突和冒险都会更为激烈，也因此儿子往往在这些游戏中得到更多的锻炼。从长期来看，这些游戏能有效地帮助孩子提升上学后在同伴中的竞争能力，特别是在竞争压力大、冲突多的环境下，可以提升孩子应对和解决冲突的能力。这一点对男孩来说尤为显著。

4. 父亲的家庭参与程度评估

有心理学家提出了以下三个指标，用来衡量父亲参与孩子生活的程度：（1）互动程度，即父亲与孩子直接互动的程度，互动可以是语言、照料、游戏等多种形式；（2）可及程度，即父亲对于孩子来说，可以潜在地"触及"或者"得到"的程度，在孩子觉得需要父亲的时候，能够在多大程度上得到父亲的回应和支持；（3）尽责程度，即父亲在抚养孩子时，在多大程度上去满足了孩子成长所需要的资源需求，包括物质上的资源和其他无形的资源。

总体来说，在当今社会，父亲在孩子生活中的参与程度仍然低于母亲。对美国家庭的研究显示，在父母都存在的家庭中，如果母亲是全职母亲，父亲和孩子直接"互动"的时间大约是母亲的四分之一，"可及"的时间大约是母亲的三分之一；而如果母亲是有工作的，那么父亲和孩子互动的时间是母亲的三分之一，可及时间是母亲的65%。不过，父亲参与程度在近年来有所提升，主要原因可能不是父亲花的时间和精力更多了，而是母亲花在孩子身上的时间和精力也变少了。

5. 父亲在家庭中的参与程度对孩子的影响

父亲在孩子生活中参与程度的多少，对孩子的人格形成、认知和行为、成年后的亲密关系都有着密切的影响。总体来说，父亲参与程度不足的家庭（如父爱缺失、父爱不足）与父亲参与程度高的家庭相比，孩子会受到一系列负面的影响，比如渴望父爱甚至对父爱有饥渴的感觉。

（1）对性别角色的影响。

父亲参与家庭生活，有助于孩子形成良好的性别角色认同。模仿是儿童性别角色认同的基本途径，对男孩而言，会帮助男孩获得男性角色。父亲提供一种男人的基本模式，从父亲身上，男孩子开始懂得男人应该怎样待人接物和处理问题。研究表明，男孩在4岁前失去父亲，会使他们缺乏攻击性，在性别角色中倾向于女性化的表现，喜欢非身体性的、非竞赛性的活动，如看书、看电视、听故事、猜谜语等。对女孩而言，父亲可以帮助女孩了解异性特征，学会与异性相处。与父亲缺少交流和接触对女孩也有损失。许多研究证实，5岁前失去父亲的女性难以了解男性如何生活及其与女性的区别，并且在青春期与男性交往时，常常会表现出焦虑、羞怯、无所适从。

（2）对认知和行为的影响。

孩子从母亲和父亲处得到的认知上的收获是不完全相同的。从母亲那里，孩子可以学到语言、日常生活常识、物体用途等；从父亲那里，孩子则可以学到更多样、丰富的知识，更广泛地探索自然和社会，参与多样性的活动，培养动手能力，践行探索精神。父亲在生活中更多地参与和孩子的活动，能提高孩子的认知技能、成就动机和自信心。有纵向研究发现，父亲在孩子早年时的照料，能够促进孩子的认知和行为的发展。不论是男孩还是女孩，在童年时父亲较大程度的参与，都能够预测孩子有更高的智商、更好的学业成绩和更少的行为问题。

有研究表明，早期父爱缺乏会阻碍儿童的认知发展，研究者发现，5、6岁的儿童在父母离异而缺失父爱两年后，和完整家庭的孩子相比，其在认知方面存在明显差异，在智力测验中表现为，完整家庭中的儿童在方块设计、迷津和算术得分显著较高，而且能达到较高操作分数和较高的全量表智商分数。这表明，离异家庭的父亲对其孩子的教育作用，是孩子在认知方面表现为低水平的一个主要因素。

（3）对心理健康的影响。

父亲的参与程度也会影响孩子的心理健康。在抑郁症的发病率上，在完整的家庭中成长但父亲参与程度较低的孩子，其抑郁症发病率高于单身母亲抚养的孩子，是和父亲关系较好的孩子的三倍，是和父亲关系在平均水平的孩子的两倍；与得到父亲正常关注与控制的孩子相比，父亲关注少的孩子出现酒精、物质滥用等成瘾障碍、破坏性行为、冲动和品行障碍的概率都会增加。

有针对美国家庭的调查显示，家庭完整、和父亲拥有高质量关系的孩子，与完整家庭中父亲参与度低的孩子相比，前者在青少年时期品行不端的概率只有后者的一半。值得注意的是，在完整的家庭中成长但父亲参与度较低的孩子，品行不端的概率是最高的，甚至高于被单身母亲抚养的孩子。而女孩在青春期意外怀孕的概率，在父亲缺失、被单身母亲抚养的家庭中概率最高，约为家庭完整、父亲参与度高的孩子的 3 倍；家庭完整但父亲参与度低的女孩子，青春期意外怀孕的概率也是那些父亲参与度高的孩子的 2 倍。

（4）对成年后亲密关系的影响。

父亲与孩子的关系，也会对子女成年后的亲密关系造成深远的影响。总的来说，如果孩子能够从父亲身上获取支持，那么在成年后能够进入亲密关系的可能性会大大提高。

父亲是孩子生命中的第一个男性形象，他的形象会给自己的孩子树立起男性模板，他对待女性的方式也会是孩子学习如何与女性相处的模板。研究显示，如果父亲在家中与母亲分担家务，无论孩子性别是什么，都更有可能形成良好的女性观；同时拥有这样父亲的女儿，长大后的自尊水平也更高，更加相信自己值得被爱。这些女孩子的野心也更大，对自我发展的期望更高。

对于女孩来说，与父亲的关系是第一段与男性建立的关系，因此父亲的特质往往会影响女儿的婚恋观。在选择亲密的对象时，女孩通常会以父亲作为参照物，既有可能会寻找一个在行为表现上与父亲相似的人作为伴侣，也可能会选择一个与父亲截然相反的男性。除此之外，在与父亲的相处中是否能获得安全感，也会关系到女孩成年后对亲密关系的期待程度以及在亲密关系中的安全感。对于男孩而言，父亲对待母亲的方式，也会成为孩子内心亲密关系的最初模板；同时，父亲在家庭中解决冲突的方式也会对孩子形成潜移默化的影响，通常男孩的行为模式与父亲有关。

6. 给父亲的建议

对于一名父亲，如何参与家庭生活，助力孩子健康成长呢？

建设亲密关系。父亲爱孩子的最好方式，就是"爸爸爱妈妈"。经营好自己的亲密关系，让孩子在一个温暖、接纳、支持的家庭氛围中成长；尊重妻子，尊重女性，遇到问题有效沟通，给孩子呈现一个良好的夫妻互动模式，在潜移默化中让孩子形成积极的亲密关系模板。

积极参与孩子的生活。在家庭中不做隐形人，保持家庭生活的参与状态。《2017 中国家庭亲子陪伴白皮书》中的数据显示，在 55.8% 的家庭中，妈妈是陪伴孩子的主力；爸爸陪伴较多或爸爸妈妈陪伴一样多的家庭仅占12.6% 和 16.5%。爸爸更多地参与家庭生活，更好地照顾孩子，陪孩子游戏、开展户外活动以及探索外部世界，在家庭中角色不缺失，避免"丧偶式育儿"的发生，给孩子安全感和确定感。

恰当地教育引导。在亲子互动中，对孩子既有温暖积极的回应，又有规则和界限要求，即给予孩子情感上的高回应和行为上的高要求，努力树立自己在孩子心目中的权威形象，如让孩子感受到来自父亲的温暖和爱；重视规则，权威不是仅凭自己的情绪来要求和限制孩子，而是让孩子能够保有一定的自主权。

成为孩子的榜样。承担起自己作为丈夫、儿子、父亲、朋友、员工的角色职责，让自己的行为符合家庭和社会的角色期待；养成良好的道德品质和行为习惯，谨言慎行，做事认真负责。在家庭生活中给孩子树立榜样，能够为家庭负责任，给家人提供保护和资源，让女儿形成良好的男性性别角色观念，让儿子形成良好的男性性别角色认同。

## 第七章

### 孩子的成长

作为家庭中的一员，孩子既有自身的发展议题，又承载了家庭甚至家族的期待。对于孩子的发展，既要了解孩子作为独立个体的自身价值，也要考虑孩子不同发展阶段的需求，为孩子的发展创造条件并提供资源。

## 一、孩子的价值

对于种族、家庭和个人而言，孩子具有特殊的价值。从种族的视角看，孩子让人类物种得以延续，避免物种灭绝。因此，生孩子的需要来自人类的动物本能，具有生理基础，这种生理基础让本能通过繁殖行为得以实现。从进化论的视角看，家庭中亲代对子代的投资，往往是由亲代与子代的基因相似度来决定的，与亲代基因相似度越高，越能够得到亲代的资源。在家庭关系中存在利他行为，这种亲代的利他行为有利于子代更好地存活下去，使亲代的基因得以延续。同时，这种家庭中的利他行为可以提高家庭成员的产出水平，使得家庭成员能够抵御自然灾害，应对其他随之而来的不测事件。家庭内部确立利他主义原则，才是人类物种得以继续生存下去并且能够幸福生存下去的一个前提。

从个体的视角看，孩子对于成人的投入是有反馈结果的，这结果会促使父母去生育更多或更少的孩子，在那些对生育没有严格控制制度的社会，这种倾向更为明显。当养育一个孩子可以带来较多的好处时，个体和夫妻想要孩子的愿望和态度都会更积极，因此生孩子是一个理性选择的过程。

如果养育孩子需要投入很少，比如经济成本低、社会支持高以及情感支持良好，同时又会带来很多好处时，如政府财政对于多子女家庭的支持力度大、生育补贴高等，个体和夫妻希望生更多孩子的愿望就会强烈，或者至少不会强烈地想要限制孩子的数量。当生育孩子需要个人或家庭承担高成本，如女性的就业机会降低、升职空间受限等这样的直接成本或机会成本高，人们生育孩子的愿望就会降低，生育率就会比较低，人口出生率也会降低。尽管我国已经放开二胎政策，但是孩子的出生率并没有如期上升，这在一定程度上反映了人们的生育意愿低。

综上所述，孩子不仅具有延续物种以免种族灭亡的功能，同时也在一定程度上满足了个体、家庭以及社会的期待，具有生物属性和社会属性的双重意义。

## 二、心理健康的孩子

每个家庭对孩子都有各自的期待，但是这些期待往往都有一个共同的前提，这个前提就是拥有一个健康的孩子，特别是拥有一个心理健康的孩子。

### 1. 健康的标准

按照传统的观念和习惯的看法，健康多限于生理健康，主要是指身体发育良好、生理功能正常，而很少考虑心理方面的健康。事实上，人既是生物个体，也是社会个体，人的健康不仅受生物因素的制约，也受心理因素和社会因素的影响。世界卫生组织（WHO）对健康是这样界定的：健康是一种在身体上、心理上和社会适应方面的完好状态，而不仅仅是没有疾病和虚弱的状态。也就是说，健康的基本内涵应包括生理健康、心理健康和社会适应良好三个方面，表现为个体生理和心理上的一种良好的机能状态，亦即生理和心理上没有缺陷和疾病，能充分发挥心理对机体和环境因素的调节功能，保持与环境相适应的、良好的效能状态和动态的相对平衡状态。全面健康包括躯体健康和心理健康两大部分，二者密切相关，缺一不可，无法分割，这是健康概念的精髓。

世界卫生组织对于健康的十条标准如下：（1）精力充沛，对负担的日常生活和繁重的工作不感到过分紧张、疲劳；（2）乐观、积极，乐于承担责任，工作效率高；（3）善于休息，睡眠良好；（4）应变能力强，能适应环境的各种变化；（5）抗病能力强，能够抵抗一般性的感冒、传染病等；（6）体重适当，身体均匀，站立时头、肩、臂协调；（7）眼睛明亮，反应敏锐；（8）牙齿清洁，无空洞、无痛感、无龋齿、无出血现象，齿龈色泽正常；（9）头发有光泽，无头屑；（10）肌肉丰满，皮肤富有弹性，走路、活动感到轻松。

1946年，第三届国际心理卫生大会对心理健康做了这样的描述：心理健康是指在身体、智能以及情感上与他人的心理健康不相矛盾的范围内，将个人心境发展成最佳状态。具体表现为：（1）身体、智力、情绪十分协调；（2）适应环境，人际关系中彼此能谦让；（3）有幸福感；（4）在工作和职业中，能充分发挥自己的能力，过有效率的生活。

可见，心理健康是指以正常、稳定的心理状态和积极、有效的心理活动，面对现实的、发展变化着的自然环境、社会环境和自身内在的心理环境，具有良好的调控能力、适应能力，保持切实有效的功能状态。

目前，心理健康并没有统一的标准，美国人本主义心理学家马斯洛提出的标准是应用最为广泛的。具体内容为：（1）是否有充分的安全感；（2）是否对自己有较充分的了解并能恰当地评价自己的行为；（3）自己的生活理想和目标能否切合实际；（4）能否与周围环境、事物保持良好的接触；（5）能否保持自我人格的完整与和谐；（6）能否具备从经验中学习的能力；（7）能否保持适当和良好的人际关系；（8）能否适度地表达和控制自己的情绪；（9）能否在集体允许的前提下，有限地发挥自己的个性；（10）能否在社会允许的范围内，适当地满足个人的基本要求。

2. 心理健康是一个动态的过程

人的心理状态是一个连续谱，一端是心理健康状态，另一端是疾病状态。人在不同时期，处于这个连续谱的不同位置，每个人所具有的健康与疾病的比例是不尽相同的。通常，人群中的绝大多数人是心理健康群体；对于一个人而言，健康状态是其主要的心理状态。当然，在人生历程中，每个人都可能遇到各种各样的生活事件，比如升学、疾病、工作压力、丧亲等，因此，其心理状态也会随着这些事件的变化而变化，表现出紧张、焦虑、失眠、愤怒的状态，也会有抑郁、无助、悲观的情绪，处于心理亚健康或者心理疾病的状态。也就是说，人的心理健康状态是动态变化的，可以像理解身体健康一样理解心理健康。人的身体有时候会很健康，有时候会生病，有时候则处在一种亚健康的状态。心理状态也是如此：人们有时候会感觉心情非常好，有时候会得心理疾病，有时候会处在心理的不适应状态，也就是虽然没有严重的心理疾病，但是已经感到痛苦、郁闷，比如无法信任别人、自卑、没有安全感等，这种状态妨碍人们体验生活的美好，妨碍人们快乐地生活。对于任何人而言，这种心理状态的起伏都是一种正常的状态。

3. 心理健康三原则

如何判断一个人心理是否健康，通常要遵循以下三个原则。

第一，主观世界与客观世界的统一性原则。因为心理是客观现实的反映，所以任何正常心理活动和行为，在形式上和内容上必须与客观环境保持一致，又称为统一性标准。在专科医院的精神科临床上，"无自知力"常作为判断精神障碍的指标。自知力指人对其自身精神状态的认知能力，即能否察觉或识辨自己有病和精神状态是否正常，能否分析判断并指出自己既往和现在的哪些状态和表现属于正常，哪些属于病态。自知力完整的人通常能够认识到自己是否正常，是否需要治疗以及如何与医生沟通。患有严重精神疾病的人，存在"无自知力"或"自知力不完整"的情况。所谓"无自知力"或"自知力不完整"，是指一个人对自身状态的错误反应，或者说是"自我认知"与"自我现实"的统一性丧失。

第二，心理活动的内在协调性原则。虽然人类的精神活动可以被分为知、情、意等部分，但是它自身是一个完整的统一体，各种心理过程之间具有协调一致的关系。例如，如果一个人遇到一件令人愉快的事情，会产生愉快的情绪，欢快地向别人述说，表明他具有一致的心理过程；如果他用沉痛的语调向别人述说愉快的事，有可能他的心理过程失去了协调一致性，是异常状态的表现。

第三，人格的相对稳定性。在长期的生活中，每个人都会形成自己独特的人格心理特征。这种人格心理特征一旦形成，便有相对稳定性，一般是不易改变的。在没有明显外部原因的情况下，一个人的人格相对稳定性出现问题，就要考虑这个人的心理活动是否出现异常。通常可以把人格的相对稳定性作为区分心理活动正常与异常的标准之一，比如一个很吝啬的人突然大手大脚花钱，或者一个待人接物很热情的人，突然变得很冷漠，如果在其生活环境中找不到足以促使其发生改变的原因，那么可以说他的精神活动已经偏离了正常轨道。

4. 影响儿童心理健康的家庭因素

影响儿童心理健康的因素是多方面的，有个人因素、家庭因素、学校因素、社会因素以及文化因素等。在家庭因素中，以下五方面对儿童的心理健康有着重要影响。

（1）家庭环境。

家庭环境是儿童成长的重要环境，对儿童心理健康状况的发展都有不可忽略的影响。家庭结构，主要是指家庭成员的构成和数量，如是否是完整家庭、是否包括父母以外的养育者等。在不同结构的家庭环境下成长的儿童，其行为、情绪等方面存在差异。例如，对离异家庭和完整家庭儿童的发展状况进行对比发现，单亲家庭的孩子在智力、同伴关系、亲子关系、情绪障碍、自我控制上表现更差，问题行为更多；有研究者对两代和三代人家庭的儿童进行研究，发现与生活在三代人家庭的幼儿相比，生活在两代人家庭的幼儿在独立性、自制力、自尊心、行为习惯等方面发展更好。

家庭社会经济地位对儿童的心理健康有重要作用，而且这种影响对社会经济处境不利儿童的影响更大。有研究表明，贫困状态与社会经济水平可以显著预测儿童早期的认知功能、学业成就、社交能力、情绪与行为适应等。也有研究认为，家庭社会经济地位并不是直接影响儿童发展，而是通过影响父母的教养方式、亲子关系、学习环境等间接作用于儿童发展。

家庭活动会影响儿童对家庭的满意度和家庭功能知觉，从而影响儿童的身心健康发展。研究发现，家庭休闲活动的频率和每次时长能显著预测父母和孩子的家庭满意度，休闲活动越频繁、每次的时间越长，父母和孩子对家庭生活的满意度越高。

（2）父母教养方式。

父母教养方式是指父母在养育和管教孩子过程中的观念和行为，具有相对稳定的特点。父母教养方式对儿童的发展具有重要的影响。大量研究表明，每种教养方式都与儿童一系列具体的行为存在较强的相关性。在父母教养方式的研究中，权威型教养方式是一种灵活、民主、温暖、接纳的教养方式，尊重孩子的意见和观点，并给予一定的自主；专制型教养方式是一种限制性的教养方式，父母会通过设置许多规则和限制来试图控制孩子，强迫孩子服从；溺爱型教养方式是一种接纳而不控制的教养方式，对孩子的要求和控制较少；放任型教养方式是低接纳与低控制的教养方式，是一种冷漠且过度放任的教养方式。有研究者以 9～11 年级的孩子为研究对象，发现与其他三种家庭教养方式相比，权威型教养方式下成长的儿童生活满意度和自尊的水平更高，抑郁水平更低。此外，父母教养方式还可以间接影响其他家庭因素对儿童心理健康的作用，如积极的教养方式对于成长于不利环境的青少年具有保护性意义，能缓解不良家庭经济状况的负面影响。

（3）亲子关系。

亲子关系是指父母与子女之间的互动关系，它是个体一生中出现最早、持续时间最长的一种人际关系。亲子关系在儿童心理健康发展方面扮演着重要的角色。亲密和谐的亲子关系对儿童的发展有积极的促进作用，会使儿童的主观幸福感等积极情绪更高、亲社会行为增加、同伴关系和师生关系等人际关系更和谐；积极的亲子关系是儿童发展过程中的一个重要保护因素，能减少危险因素的消极影响。如良好的亲子关系能够削弱父母的严厉教养对子女问题行为的负性影响；消极的亲子关系会阻碍儿童的发展，会使儿童的问题行为增加、破坏性行为增加，消极情绪体验增多，甚至导致犯罪行为的出现。

（4）夫妻关系。

夫妻关系是指丈夫和妻子之间的关系，包括夫妻婚姻质量、婚姻满意度、夫妻冲突等。在一个家庭系统中，夫妻之间的关系是影响家庭整体人际关系的核心因素，对家庭生活起着重要作用。儿童长期生活在家庭环境中，父母之间的关系质量对其身心健康的发展至关重要。良好的夫妻关系对儿童心理健康发展有积极的促进作用。很多研究都表明，生活在父母关系质量良好、家庭环境稳定的孩子心理健康水平更高。生活在和谐融洽的婚姻关系中的儿童社会适应表现更好，因为在日常生活中儿童经常"观察"到父母处理婚姻关系的行为模式，并内化为自己的行为模式，影响其未来行为模式、思维方式等的发展，从而影响他们的心理健康水平。

（5）家庭因素对学校教育的影响。

在儿童接受学校教育后，对儿童发展而言，学校教育处于主流地位，家庭教育处于边缘地位，但实际上家庭因素对学校教育效果具有重要的影响，例如，具有良好家庭教育理念和方法的父母会支持并配合学校的教育教学活动，增强学校教育的效果；反之，家庭教育中错误的教育理念和方法则会削弱学校教育的效果。

# 三、独立的孩子

孩子成长的过程，是一个从依赖到独立的过程。随着年龄的增长，亲子关系在逐渐变化，儿童逐渐脱离对父母的依赖，成为独立自主的个体，这个过程被称为"分离—个体化"（separation – individuation）。分离—个体化源自心理分析学派，通常称为心理分离或个体化，是个体形成清晰的人我界限与稳固的自我认定的人生重要课题。分离—个体化指个体（特别是在幼儿时期）由未分化的人我合一状态，迈向对自我形成独立自主的完整意识，并与亲密他人完成心理分离的成熟历程。分离—个体化过程是人的重要发展任务，分离—个体化程度的高低直接关系儿童青少年的心理健康、社会适应以及行为问题等，并对其以后的心理发展产生深远的影响。

## （一）分离—个体化理论及其发展阶段

分离—个体化是一个人一生的发展任务。从发展的观点看，第一次分离—个体化发生在前俄狄浦斯期，被称为婴幼儿分离—个体化。到了青春期，个体会再度经历类似的分离—个体化阶段，被称为青少年分离—个体化。两次分离—个体化是否能够顺利完成，会影响个体未来的发展状况。

1. 婴幼儿分离—个体化及其发展阶段

分离—个体化理论是由精神分析自我心理学家玛格丽特·玛勒提出的。作为一名女性，她对婴幼儿及其与母亲的互动进行了仔细的观察，把对精神病儿童早期自闭症与共生精神病的观察发现引入正常儿童的自我发展理论中，认为成熟的顺序就是儿童从对母亲的共生依恋状态转向稳定的自主认同的过程。在恋母情结阶段前（0~3岁之前），个体能否从嵌在母亲—婴儿的共生母体中，经过正常的自闭、正常的共生、分离—个体化三个阶段，发展出一个稳定的自主认同，这一点非常重要。其中分离—个体化阶段比较复杂，又分为分化期、实践期、和解期、个体化形成及情绪客体恒常期四个亚阶段。在这个个体心理诞生的过程中要完成两个主要任务，一是分离，指的是儿童达成一种和母亲分离开来的精神内在意识，形成人我界限；二是个体化，指一种"我是"（I am）的感觉，一种存有的意识感，一种实体的意识感觉察。儿童如果能顺利度过这一发展阶段，与母亲从联结到分离，便会形成独立统合的自我意识。

（1）自闭期（0~2个月）。

这一时期，婴儿通常意识不到其他人，只是通过寻求乳房来维持生计。这一做法大部分是受根深蒂固的反射所指引，而意识不到对其需要做出反应的另外一个人在满足其需求。处于生命早期阶段的婴儿主要关心自己紧张程度的降低，几乎意识不到有另外一个人对他是负责的。婴儿在2个月左右会朝母亲微笑，这表明婴儿社交活动的开始，也被称为"第一次社交反应"。

（2）共生期（3~6个月）。

在共生阶段，婴儿的微笑反应首先出现在对母亲面孔的反应中，微笑预告了婴儿自闭状态的结束，也预告了婴儿从此结束了一元关系进入两元关系，进入和母亲关系的共生期。虽然这似乎意味着某种程度的"分离"，但玛勒指出，婴儿仍然继续将母亲体验为同一个人际关系系统的一部分，因此当母亲情绪上表现出沮丧时，婴儿可能也会以一种沮丧的方式来回应，即使食物、温暖和其他生理必需品都存在的时候也会如此。这时婴儿与母亲之间的联结已经建立，婴儿对满足需求的客体有了模糊的察觉，但仍不能区分"我"与"非我"。共生期的母亲与婴儿的关系恰当，便可以让婴儿顺利产生心理分化，扩展其心理状态。

（3）分离—个体化期（6个月~3岁）。

在该阶段中，最主要的冲突是对自主的追求和停留在与母亲的融合状态中的强烈欲望之间的冲突，婴儿是否能成功解决这种冲突决定了他们是否能够不带病态地度过自己的一生。这个阶段由一系列亚阶段构成，每一个亚阶段都标志着通往独立之路上的一种独特形式，从本质上显示了一个人所达到的分离程度。一个人的自体感以及所拥有的关系的特性，大多是由这个阶段所发生的事情决定的。

A. 分化期（6~10个月）。

这个时期婴儿开始从和母亲的融合共生状态中分化，往往不再安静地待在母亲怀里，而会拼命地挣脱母亲的怀抱，要看世界和周围的其他人，开始探索周围的环境，与周围的环境发生关系。在这个阶段，孩子开始在认知和知觉的发育过程中觉察到母亲与自己的不同，在心理上逐步独立和分化。如果母亲没有足够的时间陪伴孩子，孩子在独处和与人交往时产生焦虑，往往会抓住一个床单、毛毯、枕巾等过渡性客体，这些过渡性客体在一定程度上替代了母亲这个客体。在这个阶段，孩子会关注父母以外的人，会有陌生人焦虑，因此孩子往往要以父母为安全基地来探索世界，如果不能对孩子的退行给予足够的支持，就会使其在分离—个体化的分化期产生创伤。

B. 实践期（10~16个月）。

该阶段的显著特征是婴儿开始进行四肢爬行的运动以及直立行走。当儿童爬行时，他便可以在身体上将自己与母亲分离开，玛勒认为，儿童在身体上将自己与母亲进行分离的能力，显示了"心理诞生"的真正开始。但这并不意味着儿童可以完全依照他自己的意愿来活动。他仍然寻求母亲的存在并不时加以确认，以便获得情感上的支持。在这一阶段的末期，儿童开始直立行走，并且更为积极地探索世界，但他仍然将母亲当作"安全基地"。

当孩子能够站立起来的时候，孩子从新的角度来看这个世界，他感觉自己更有能力，这个时候能够行走的孩子及能够说话的孩子，他的自恋达到了顶峰。在这个时候，一个好母亲要充分满足孩子这种无所不能的自恋需要，要进行及时的、精确的、共情性的证实。好母亲是共情大师，如果这个母亲共情能力不足，她反应出的情感是不精确的、迟到的，不能证实孩子内心自恋的情感与需要，这个孩子长大后就会出现心理障碍。在这个阶段，母亲的反应对孩子实践期的心理发展起着重要作用。过度保护和过度控制的母亲禁止孩子自己探索尝试，会让他们遭受到失败感。

C. 和解期（16~24个月）。

1岁半这个时期，经过生活实践经验的积累，学步儿童会发现，如果没有母亲自己是无法真正独立的。同时，由于越来越意识到与母亲身体的分离，体验到分离焦虑的儿童开始寻求母亲的亲近，返回到母亲这里。于是全能感下降，依赖感增强，和解期随之到来。和解期的儿童不仅意识到对母爱的需求，更重要的是儿童开始需要与母亲进行情感的分享；同时儿童也需要扩大自己的自主性，通过对抗母亲来保护自己的自主性，从自主性的掌控中体会到愿望的满足与快乐。在和外界互动的过程中，和解期的儿童逐步体会到自己的无助、渺小、孤独，全能感和自尊受到打击，对客体爱的丧失的恐惧明显增加，在自主与依赖、融合与被吞噬的恐惧之间摇摆不定。和解期的另一标志是对陌生人的焦虑反应，因此儿童在冲突性愿望中犹豫不决，表现出对母亲的黏着。为了应对自己的焦虑，儿童创造多种应付母亲离开的方法，例如，会使用过渡性客体、向双亲认同等，这些方法在成年以后仍然会潜移默化的使用。

由于要应付来自外界的压力和挑战，19～36 个月是儿童容易受伤害的时期，母亲的情感能力至关重要。拥有良好情感能力的母亲，能够鼓励孩子独立，在孩子遇到困难时给予适度的支持，因此儿童就会内化好的客体关系，降低自己的全能感，现实感增强，平稳度过这个困难时期。但是对于那些需要通过"被孩子需要"来满足自己需求的母亲，她们内心无法面对儿童的逐渐独立，会潜意识地让孩子离不开自己，这样，儿童会因为母亲的限制而减少实践探索活动，潜意识地配合母亲的融合要求，不能把能量投注在环境和重要技能的发展上。相反，如果另一些儿童共生期的融合未被满足或者在和解期儿童无法确定母亲的保护、关注与爱，可能会出现一些行为上的变化，会与母亲疏离，对情绪不敏感，甚至会压抑情感，以作为一种发展缺陷的纠正。

D. 个体化形成及情绪客体恒常期（24～36 个月）。

从婴儿出生第 24 个月到第 36 个月，这是分离—个体化发展的最后一个阶段。这一时期儿童将母亲的形象内化，这一恒定的内在形象使得儿童在母亲不在自己身边时也会对母亲有稳定的记忆并随时得到安慰，发展出独立的自我意识，能够在内心逐步与母亲及重要他人分离。语言逐渐成为儿童与母亲交流的主要沟通方式。

总而言之，在出生后的前三年期间，婴幼儿需要完成分离和个体化这两个重要的发展任务。这两个任务交织在一起，互相补充。这个过程是婴幼儿内在自主性不断发展的过程，婴儿逐渐减少对母亲的情感依赖，形成自我意识。

2. 青少年分离—个体化及其发展阶段

在人的发展过程中，不仅在早期婴儿阶段有分离—个体化的阶段，而且在青少年时期也存在第二次分离—个体化的发展，是第二次心理断乳期。

在第二次分离—个体化阶段，青少年会试图摆脱婴幼儿时期所内化的父母形象，脱离对父母的情感依赖，重新建构自我，成为真正心理上独立自主的个体，在心理上与父母分离，从而为在家庭以外建立新的亲密关系做好心理准备。

第二次分离—个体化是通过退化来完成的，也就是说，青少年在情感方面会回到婴幼儿时期那个对父母依赖与独立的冲突模式中，重现早年客体关系。此阶段，青少年一方面害怕失去与父母的情感联结，期待与父母有紧密的关系，特别是在遇到困难时能够得到父母的帮助；另一方面又害怕被控制、失去自主性，竭力希望远离父母、保持距离，能够自己做决定。因此，第二次分离—个体化的过程是青少年逐渐脱离父母依赖、对父母去理想化并形成心理上独立的自我感的过程，为离开家庭做准备。

青少年分离—个体化阶段与婴幼儿分离—个体化阶段相同，但发展任务不同。

（1）分化期。

这时青少年意识到自己和父母是不同的；在进入青春期后，青少年开始有了自己内心的秘密，需要一个自己的空间；不喜欢和父母出行，喜欢和同龄人交流，和父母的交流减少；很多时候有不同于父母的想法，叛逆，以此表明自己有独立见解，会有与父母不同的各种观点，充分表达自己有被理解、被尊重的需要。

（2）实践期。

平时的日常生活、言谈举止，青少年刻意保持与父母的不同，父母赞同的往往就是青少年不赞同甚至是反对的；将生活重心转向同伴，能够和同伴分享更多的内心感受和想法，以此达成与父母的心理分离，在同辈团体中谋求认同；遇到事情尝试自己解决，或者找同伴解决，对父母的建议持一个评判的态度，不断地挣脱父母的管教。

（3）和解期。

青少年既想追求自主及自我感，又害怕与父母所代表的家庭分离，体验矛盾的情感；在学业上、交友上、情感上不断遇到挫折，期待父母的帮助。因此，有的青少年会找父母商量，得到父母的支持，依赖父母；有的青少年则一直独自处理问题，缺乏经验，不断受挫。在这个阶段的青少年既尝试和父母分离，又期待得到父母的帮助，不断地寻求解决这种冲突的平衡。

（4）个体化形成及情绪客体恒常期。

这时青少年已经完成分离—个体化的任务，并建立了稳定的内在自我；自己选择升学志愿，做好准备离家读书；向往外面的世界，从心理上已经做好准备离家的工作，期待独立的生活；有自己的小群体，有较为稳定的同伴关系，形成了自己的朋辈支持系统。

在以上四个阶段，和解期是分离—个体化能够顺利发展的关键阶段，也是四个阶段中最艰难的阶段。青少年在与父母分离后，当其有所收获、自主性逐渐获得时，便会想回头确认父母是否仍在原地，他们希望可以继续得到父母的爱和认可，而不是切断与父母的关系以获得自主感，这一阶段平稳度过后，青少年便获得独立与自我认同。这种矛盾的心理会持续几年时间，这是分离—个体化发展最为艰难的阶段，也是亲子关系得以发展的主要动力。

综上所述，如果青少年能在自主与联结中发展顺利，便能建立清晰的自我意识与认同，形成自主感。而如果发展不顺利，青少年未来的适应与发展都将受到影响。

## （二）分离—个体化对个体发展的影响

分离—个体化在人的一生中是一个需要不断面对的主题，对个体发展具有深远的影响。如果个体在婴幼儿时期未与母亲建立起良好的、健康的联结，就会在自我与他人之间缺乏明确界限，自我意识模糊，自我感消失。因此，母亲鼓励婴幼儿朝着分离—个体化发展的同时，也要适当做好情感提供者及安全基地。婴幼儿在成长的过程中如果能处理好与母亲的分离与联结，有助于日后青少年时期的第二次分离—个体化。青少年分离—个体化在一定程度上代表着青少年和父母的分离，是自己走出家庭、走进社会、成为一个社会人的状态，顺利完成就会让其建立稳定的人我界限，降低对外界的依赖，由内在的独立自我来为自己日后的行为负责。如果第二次分离—个体化发展没有顺利完成，那么在其离家求学、择业求偶、亲人丧失等重大事件上都会使个体不断地重复着分离—个体化的矛盾与冲突，可能会出现适应问题。个体的分离—个体化程度越高，就会表现出越强的社会适应能力。

## 四、孩子的发展任务

培养具有乐观、协作、独立、自信等健全人格特征的儿童，培养心理健康的儿童，是家庭教育的重要目标。儿童的成长是在生物因素、个体因素、家庭因素以及社会因素等综合影响下形成的。因此，对于儿童的家庭教育，父母应在尊重孩子生理发展的前提下，结合孩子要面临的社会发展任务，根据孩子的发展需求，为孩子发展提供促进性环境，从而促进孩子的身心健康发展。

依照埃里克森的心理社会发展八阶段理论，不同年龄段的孩子具有不同的发展任务。

### （一）0~1岁

在这个阶段，婴儿的主要任务是满足生理需求，发展对于养育者的信任感以及克服不信任感，能够在内心体验到希望的实现。

对于此阶段的婴儿来说，他们的生活发生了翻天覆地的变化，从自动提供必需品又温暖湿润的子宫来到一个需要自己呼吸、进食，需要他人提供必需品的世界，并且需要在未来两年去努力适应新世界，学会走路、跑步、说话和爱父母，并且能够产生属于自己的想法。对于婴儿而言，生存是第一要义，只有在生存的前提下才能发展，因此在这一阶段的主要任务就是要让自己的生理需求得到满足。但是婴儿是柔弱的，他们在出生后只能看到20~25厘米内的物体，通常在这个范围内出现最多的是母亲的脸和乳房。在这个阶段，婴儿被照顾的质量决定着婴儿内心的信任感和安全感，决定着其未来发展的内心世界的模板。所以，这个阶段对照顾者的要求是非常高的，因为照顾者要努力完成一个"不可能"完成的任务，就是努力保持婴儿在母体内环境和母体外环境的一致性，让婴儿内心形成持续的稳定性。

1. 全面满足婴儿的生理需求

温尼科特认为，"越接近原始形式的需要，个人就越依赖环境来满足它，相应地，满足失败造成的灾难性后果就越严重"。这个阶段的婴儿是完全依赖于养育者的，如果养育者能够敏锐地觉察出婴儿的需求，并且有规律地、及时地满足他的需求，婴儿就会自然而然地对养育者形成基本的信任感，建立人生阶段最初期的安全依恋。婴儿在生理需要被充分满足的基础上，逐步发展出心理结构，并赋予其心理意义。

2. 做一个敏感的母亲

这个阶段，母亲被"原初母性专注"所占据，自己作为独立的人的主体性降低，是作为婴儿的附属品而存在的，以婴儿为自己的生活重心，时刻满足婴儿的需要。

在此阶段，母亲对婴儿的哭声极为敏感。婴儿的哭声就是婴儿的语言，6个月之前婴儿的啼哭通常都是在表达生理的需要，是真实的信号，婴儿饿了、尿了、肚子不舒服或者周围环境的影响都会让他们哭泣。哭泣是孩子释放压力的方式，是一种本能的反应。所以，这个阶段的父母需要对婴儿的啼哭做出及时的反应，查看究竟是什么原因让他们感到不舒服。如果照顾者无法对婴儿的需求有觉察，并提供稳定和积极的回应，在孩子的成长过程中，就有很大可能会对孩子造成消极影响。如果婴儿感到这个世界是危险的，他们会因缺少安全和稳定感而对这个新世界充满恐惧，从而压制了他们对外探索的好奇心。婴儿是通过和养育者的互动来学习与人交往的，婴儿和养育者的互动模式会成为长大后与他人互动的模板。

3. 根据婴儿的气质类型进行教养

尽管此阶段的婴儿非常弱小，但是不同的婴儿也有着不同的气质类型，父母要善于发现孩子的特点，调整自身的行为去和孩子互动。对于胆子比较小、对父母的指令和规则反应都比较敏感的孩子而言，他们需要父母亲更有耐心、更温柔地帮助自己学习和内化规则，因为这些孩子通常对环境的适应能力较慢，例如回避型依恋和矛盾型依恋的孩子，当他们无法立即融入新环境时可能会表现得无所适从或大喊大叫，这时如果父母因失去耐心而对孩子表达愤怒或变得更加严厉，可能会让孩子变得更容易哭闹或更加恐惧、害怕。父母在孩子适应不良时需要给予更多的积极支持和回应，以亲密、温暖的方式鼓励孩子，因为与孩子的个性相合适的回应和教养方式，可以帮助孩子更好地适应。作为父母，每个人都需要有能力面对一个真实的孩子，而不是自己内心想象出来的孩子，因此需要有良好的觉察能力，来觉察自己对孩子的反应以及自己对"完美"孩子的期待，并有能力进行自我调整。

## （二）1～3岁

这是获得自主感而避免怀疑感与羞耻感的阶段。在此阶段，随着身体的发育，儿童已经具有了初步独立的能力，开始有了自己对于独立的要求。这个阶段的儿童已经在生理上完全实现独立行走，自己能够主动扩大探索外在世界的范围，而不愿仅仅在家里活动；逐步掌握语言，并发展出良好的语言表达能力，能够用语言和成人沟通交流，表达自己的需求。

这个阶段的儿童学会了走动、推拉、说话等，也学会了把握和放开，具有一定的自我独立意识，尤其是在自身身体的控制和大小便排泄上，儿童会面临自己意愿与父母等养育者意愿相互冲突的情况。这时候儿童与父母的冲突很激烈，儿童成长中的第一个反抗期出现。如果父母等养育者对儿童的行为限制适当，给予儿童一定自由，儿童就会建立起自主性和自我控制的意识；相反，如果父母等养育者对儿童限制、批评甚至惩罚过多，就会使儿童感到羞怯，从而对自己的能力产生疑虑。

> **陶行知对孩子的描述：**
>
> 您不可轻视小孩子的情感！他给您一块糖吃，是有汽车大王捐助一万万元的慷慨。他做了一个纸鸢飞不上去，是有齐柏林飞船造不成功一样的踌躇。他失手打破了一个泥娃娃，是有一个寡妇死了独生子那么悲哀。他没有打着他所讨厌的人，便好像是罗斯福讨不着机会带兵去打德国一般恼气。他受了你盛怒之下的鞭打，连在梦里也觉得有法国革命模样的恐怖。他写字想得双圈没得着，仿佛是候选总统落了选一样的失意。他想你抱他一会儿而您偏去抱了别的孩子，好比是一个爱人被夺去般伤心。

1. 要学会尊重孩子

在自我意识的驱使下，孩子希望摆脱父母的包办与代替，自己动手探索他们所面对的未知世界。父母要把握孩子的这一心理发展特点，充分尊重孩子的自主意识，要有意识地引导孩子做各种力所能及的生活小事，培养他们的独立生活能力；要尊重孩子在学习、游戏及社交活动中表现出来的主动性、独立性，让他们体验依靠自己的力量完成和解决问题的喜悦感和自豪感，从而树立自信心，培养独立精神。面对处于"第一反抗期"的孩子，父母要注意避免两种倾向：包办代替和纵容放任。前者会助长孩子的依赖心理，使他们失去独立性，束缚其自信心的发展；后者会使幼儿过度放纵自己，缺乏自制能力和上进心，影响自信心的形成。

2. 要为孩子提供独立做事的机会

很多父母都认为让孩子自己做事浪费时间，有时孩子还会把事情弄得乱七八糟，因而就在各种活动中，事事包办代替，即使是孩子力所能及的事也从不放手让他们去做，这无意中会使孩子的依赖感越来越重，做事缺乏自主性和自信心。父母应该认识到，自己动手是孩子的天性和本能。孩子们对自己吃饭、穿衣等有很大的兴趣和积极性，如果父母不注意这一点，事事不让他们动手，孩子这种可贵的欲望和兴趣就会慢慢消失。因此，父母应给孩子动手实践的机会，如让孩子自己穿、脱衣服，独立洗刷、进餐，自己接待来访的小伙伴等，这会使他们体验到完成活动带来的独立感和成就感。只有在反复动手、动脑做事的实践活动中，孩子的独立行为能力才会逐渐增强，做事与解决问题的自信心才会随之提高。

3. 要积极鼓励孩子与他人交往

在与小伙伴的交往中，孩子能够体验到生活的感觉，进行各种社会活动的"演习"，独立解决遇到的各种问题，这无疑有助于孩子独立性的养成。有些父母担心孩子在玩耍中惹是生非，或害怕自己的孩子在同伴群体中受委屈，总是把孩子关在家里，放在成人身边，却不知这样做会使孩子形成孤僻、胆小、害怕独立的不良性格。事实上，孩子在交往中虽然会遇到一些问题，包括发生冲突，也可能因此会受一些委屈，但是他可以通过这些事情知道怎样自主地解决这些问题，进而发展其独立性，这有益于其形成自信、独立的人格特征。

4. 要让孩子体验成功

有成就感的孩子容易增强自信，为此父母要尊重、信任孩子，相信孩子一定能成功，要为孩子创设动手探索的环境和条件，让孩子在实践中敢想、敢说、敢挑战；要与孩子一起探讨动手实践中遇到的困难，让孩子在探索中能说、能问、能思考。父母应努力激活孩子的思维，帮助孩子憧憬成功，使他们感受到自己的努力是有效的，从而让他们在实践中增强自信。

**心理实验：为什么会变得绝望？**

美国的著名心理学家马丁·塞利格曼进行了一个经典的实验，研究不断的失败经历如何诱发习得性无助。

实验设计：研究者以狗为被试，将狗随机分成三组，每组 8 只。实验共分为两个阶段。

第一阶段每组接受不同条件的实验处理。（1）可逃脱组：被单独固定在一个装置里，狗可移动的空间不大。狗受到电击后，能通过挤压头部的垫逃脱电击，停止受电击之苦。这个规则需要狗在实验中自己摸索。（2）不可逃脱组：被单独固定在一个装置里，狗可移动的空间不大。狗受到电击后，无论做什么都不能逃脱电击，一直承受电击之苦。（3）无束缚的控制组：没有被单独固定，可移动的空间较大。每组的狗在 90 秒的时间接受 64 次电击。

24 小时后，进入实验的第二阶段。三组狗都被关在装有灯的箱子里。他们面对的情境相同，灯灭 10 秒后，电击便会自动开始。

实验结果：

（1）在可逃脱组中，100% 的狗都能在实验第二阶段学会逃避电击。在不可逃脱组中，仅约 20% 的狗能在实验第二阶段学会成功逃避电击。在无束缚的控制组中，超过 80% 的狗能在实验第二阶段学会成功逃避电击。（2）不可逃脱组的狗在实验的第一阶段变成习得性无助，觉得自己无论怎样都不可能逃避电击，很无助。这种无助感延续到后面的实验。即使换了新环境，大部分不可逃脱组的狗都不再尝试逃避电击，放弃努力，只会一直忍受电击。（3）与无束缚的控制组的狗相比，可逃脱组的狗在实验的第一阶段获得的成功经验更多，在第二阶段学会逃避电击的比例也更高、学会逃避所需的时间也短。此实验的意义，在一定程度上可以帮助人们理解，经常受到挫折的人也容易失去再努力、再奋斗的勇气和意愿。

## （三）3~6 岁

该阶段儿童的主要发展任务是获得主动感、克服内疚感，体验目的的实现。该阶段的儿童，其肌肉运动与言语能力发展很快，能参加跑、跳、骑小车等运动，能说一些连贯的话，还能把自己的活动扩展到超出家庭的范围，通常已经进入幼儿园开始集体生活。除了模仿行为外，儿童对周围的环境充满了好奇心，从言语和行动上扩充自己探索的范围，并试着发出一些挑战。儿童在这个情况下会感到向外拓展可以达到自己探索的目的，但同时也会在闯入别人的范围时，产生一种内疚的冲突感。该阶段也称为游戏期，对儿童而言，游戏执行着儿童的自我功能，并且在解决各种矛盾中体现出自我指导和自我教育的作用。如果在此阶段让儿童有更多机会去自由参加各种活动，耐心地解答他们提出的各种问题，儿童的主动性就会得到进一步发展；表现出很大的积极性与进取心。在这个阶段，儿童要面临重要的分离个体化的任务，在游戏中体验内在世界与外在世界的联结，完成自己的性别角色认同，开始进入初步的社会化阶段。

1. 承担一定的家务劳动

对处于该阶段的孩子来说，家务活是另一种挑战。家务劳动带给该阶段的孩子某些非常重要的意义，就是承担一定的家庭角色，这是校正以自我为中心的一种好方法。

尽管孩子们会觉得做一些家务劳动是件有趣的事情，但想让孩子养成良好的习惯并非易事。这个年龄段的孩子渴望被人依赖。因此，父母要让孩子感觉到自己对于家庭的重要性，自己要对家庭有帮助；让孩子学会选择，自己选择所做家务的内容；父母把任务细致化，并给孩子做示范，让孩子通过榜样来学习；鼓励孩子所做的家务，不要追求完美，鼓励孩子做家务的付出和认真；可以适当提供给孩子一些奖励。

> **心理研究：做家务对孩子的影响**
>
> 　　哈佛大学的学者曾经做过一项调查研究，得出一个惊人的结论：爱干家务的孩子和不爱干家务的孩子，成年之后的就业率为 15：1，犯罪率是 1：10。爱干家务的孩子，离婚率低，心理疾病患病率也低。另有专家指出，在孩子的成长过程中，家务劳动与孩子的动作技能、认知能力的发展以及责任感的培养有着密不可分的关系。

## 2. 给予孩子充分的鼓励

该阶段的孩子，自我意识强烈，因此可以通过积极鼓励，使他们形成好的习惯，遵守规矩。对于他们所做的事情，父母要细心观察，及时鼓励，给予充分的肯定。如果对孩子的表现无动于衷，会挫伤孩子的积极性，久而久之，孩子就会失去成就感。父母的肯定与表扬对孩子很重要，因为这让他产生成就感和价值感，同时在鼓励中孩子也能够学会用这样的方式去与人交流互动。因此要多对孩子给予表扬、鼓励、肯定、支持、关心、理解等，使孩子形成积极的自我概念，健康成长。对于这个年龄阶段的孩子而言，父母是一个全知全能的存在，但是如果父母对孩子给予过于严格的限制和指导，不给孩子尝试甚至犯错的机会，孩子的学习就会受到限制，自我发展受限，甚至过于乖巧懂事，在父母"绝对正确"的指导中学会服从，而不是探索和创造。

## 3. 在游戏中学会创造

游戏对孩子的发展具有重要作用，游戏是孩子的内在空间和外在现实的桥梁，可以为孩子的发展提供一个过渡空间，让孩子的语言、思维、动作等都得以发展。在这个阶段，儿童的主要活动是游戏，因为这个阶段的儿童身体更为灵巧，语言更为精练，口语表达能力增强，更重要的是，这个阶段是儿童思维尤其是表象性思维发展最快的时期，想象力极为生动丰富，并已萌发了创造性思维，能对未来有所规划。他们倾向于通过自己的想象去解释周围的世界和模仿成人的社会性行为活动，以此来塑造自己的人格。因此父母可以与儿童一起想象游戏情节，扮演游戏角色，制作游戏道具等，逐步探索儿童的兴趣、态度以及特长等，从而促使其主动性、探索性以及创新精神获得积极的发展。

## 4. 营造家园合作的良好成长环境

在这个阶段，孩子的主要社会活动场所是幼儿园。家庭是儿童人格发展的最初环境，对儿童的成长影响深远；幼儿园作为早期教育的主要机构，提供了家庭难以满足的活动和发展条件。在促进学前儿童人格健康发展中，二者相辅相成，不可或缺。4~6岁是学前儿童发展自主感的关键期，在这一阶段形成健全人格的过程中，幼儿园扮演着重要的角色，因此父母要关心孩子在幼儿园的状态，关注孩子在幼儿园的教育，与幼儿园老师加强交流沟通，了解孩子在幼儿园的情况，积极解决问题；支持幼儿园开展的各项活动，配合孩子完成幼儿园的各项任务，帮助孩子形成积极品质。

> **知识窗：如何与孩子讨论问题？**
>
> 与孩子讨论问题，可以参照以下四个步骤：
>
> 体验：让孩子对生活中获得的各种经验，无论是积极的，还是消极的，都保持敏感。
>
> 确认：明确某一特殊事件中重要的因素和结果。引导孩子思考这样一些问题："发生了什么事？你看到了什么？你的感觉如何？"
>
> 分析：弄明白为什么事件中有些因素重要而另一些不重要。思考："为什么你认为那个东西很重要？你认为这是怎么回事儿？"相对委婉的问法："什么事情让你得到这样的感觉呀？你觉得为什么会是这样？"等。
>
> 总结：发现事物的规律或原则，以便下次遇到相似的情景时采用。引导孩子思考这一类问题：你怎么在将来运用这次的经验？下次如果你想要得到同样的结果你至少应该怎么做？下次你要想避免类似的结果你应该有什么不同？

## （四）6～12 岁

6～12 岁是学龄初期，此阶段儿童的主要任务是获得勤奋感段。学龄初期的儿童已经开始接受正规的学校教育，其智力不断得到发展，特别是逻辑思维能力发展迅速，他们提出的问题很广泛，而且有一定的深度。他们的能力也日益发展，参加的活动已经扩展到学校以外的社会。这时候，对儿童影响最大的人除了父母之外，还包括同伴和学校老师，他们的影响比重开始逐步加大，尤其是教师开始逐渐取代父母在孩子心目中的权威地位，因此父母的权威受到了质疑甚至挑战。在生活中，儿童在某些方面的知识和学习深度，或者是技巧的掌握熟练程度，确实会超过父母。因此对父母而言，要明确意识到自己在孩子心目中的权威地位已经有所动摇，自己要学会适应新状态。

1. 激发孩子的学习动机

孩子的学习动机分为外源性和内源性。研究发现，小学生的学习动机总强度随着年龄升高而呈下滑态势。在低年级，学习的挑战相对较小，学校环境也充满新鲜感，因此孩子也较为容易喜欢学习。进入中高年级后，孩子的学习动机由强转弱，一部分原因可能是因为他们的学习内容增多、任务加重，导致外部压力比较大。在小学期间，外部的学习动机始终占据主导地位。孩子为了得到父母和老师的夸奖、为了能拿到比较好的成绩排名，会在外部动机的驱使下学习。但随着孩子自我意识的不断发展，发展好的孩子可以摆脱对外部控制的依赖，开始考虑自己行为的后果以及以后长远发展的目标。他们开始学会思考自己为何需要学习、为了谁学习，以及学习能够帮助自己达成什么目标。因此进入高年级后，孩子会启动内源性动机作为学习的动力。

2. 积极构建互相尊重的亲子互动模式

调查显示，孩子从 6~12 岁和父母一起消磨的时间减少了一半，转而需要和其他社会关系（同伴、老师）交往。因此在此阶段，就需要共同建构新型的亲子互动模式——亲子共律模式，即父母与孩子共同约束孩子自身的行为，父母保持一段距离去引导和监督孩子、以身作则，帮助孩子加强自我管理和自我监督的能力。亲子共律是一种相互尊重的互动模式，有利于孩子从学前期顺利过渡到小学阶段，并为孩子进入青春期做好准备。孩子的自我意识在这个阶段已经有了一个良好的发展，家长应该支持和鼓励孩子去感受校园生活、应对来自校园的困扰和压力，做孩子成长的坚实后盾，帮助孩子形成良好的自我管理意识。

3. 建立良好的人际关系

在本阶段，除亲子关系之外，对孩子而言最重要的关系就是同伴关系和师生关系。在同伴关系中，父母要关注孩子的同伴交往情况，让孩子在同伴交往中逐渐学会如何考虑他人的感受、正确表达自己的情绪以及坚持自己的观点和意见。在孩子低年级时，父母应鼓励孩子和老师多交流，支持孩子服从和崇拜老师，打好建立良好关系的基础；在中年级时，父母应鼓励孩子的批判性思维，引导孩子客观地评价老师的行为，关注孩子对于老师的逆反心理，尊重他们的内心感受和想法；在高年级时，男生和女生已经开始进入青春期，孩子的逆反心理会更为强烈，因此父母要支持孩子对于独立、平等的内心需求，关注孩子的状态，积极主动化解孩子的困惑和问题。

　　研究表明，这个阶段老师对孩子的期待会直接影响孩子的学习成绩。如果老师对孩子持有较高的期望，对孩子给予更多积极的表扬，孩子就会把这种积极的暗示转化为动机，不断地进步。

**心理学实验：期待效应**

　　1968 年，罗森塔尔和雅各布森带着一个实验小组走进一所普通的小学，对校长和教师说明，要对学生进行"发展潜力"的测验。他们在 6 个年级的 18 个班里随机地抽取了部分学生，然后把名单提供给任课老师，并郑重地告诉他们，名单中的这些学生是学校中最有发展潜能的学生，并再三嘱托教师在不告诉学生本人的情况下注意长期观察。8 个月后，当他们回到该小学时，惊奇地发现，名单上的学生不但在学习成绩和智力表现上均有明显进步，而且在兴趣、品行、师生关系等方面也都有了很大的变化。这一现象被称为"期望效应"，后来人们借用古希腊神话中皮格马利翁的典故，称这种现象为"皮格马利翁效应"。

# 第八章

# 亲子养育

在核心家庭的关系中，孩子既是被教育的客体，也是教育的主体，父母如何能够尊重孩子的需要，建立和孩子的边界感，为孩子的发展提供良好的环境，根据孩子的心理发展阶段来满足孩子的发展需求，是每一位父母都要面对的重要课题。

在家庭教育中，不论是父母还是孩子，都是家庭教育的主体，这是主体间性家庭教育的主要观点。

## 一、主体间性家庭教育

主体间性家庭教育是随着社会发展和教育现代化的进步而提出来的一种全新的、科学的家庭教育观。在家庭教育中，不仅父母是主体，孩子亦是主体。

### （一）主体和主体性

人是一切社会关系的总和，主体被界定为是"处于一定社会历史联系中，有意识、有目的地进行认识世界和改造世界活动的人"。而主体性就是"主体在主客体相互作用的实践中表现出来的自主性、能动性、创造性、目的性等主体的规定性，即主体的根本属性"。

在 20 世纪中叶，主体间性这一理论术语被提出来，指主体与主体之间的关系是相互的。因此，主体间性的人际关系是以尊重个人主体性为原则的主体之间的相互交流、彼此认同、交互影响，是在双向互动的基础上实现的平等。主体间性消除了主体与客体之间的对立，在处理人与人之间的关系时，交往的双方都是主体，因此要体现交往中的相互尊重和相互理解。

在核心家庭中，应如何理解主体间性家庭教育？对于孩子而言，亲子关系是孩子最早接触的人际关系，是孩子发展人际关系的基础，是孩子最早的主要社会关系，在家庭中积累的人际关系经验，对孩子的发展有着深远的意义。

父母和孩子均为主体的亲子关系，具有主体间性关系的一般特征。亲子关系中的主体间性具有交互性、平等性和共识性的特点。交互性是指在主体间性的亲子关系中，父母和孩子是交互主体关系，虽然父母是权威，但是孩子也是具有独立意义的主体，是自我成长与发展的主体，因此父母要尊重孩子的主体性。平等性是指父母与孩子都是主体，在交往和对话中要以平等为原则来交往，而不是父母把自己放在权威的位置，忽视孩子的主体性，让孩子处于被动服从和接受的地位。共识性是指在亲子关系中，父母和孩子因经验等方面的因素，对同一事物会有不同的看法，但是孩子也是主体，父母要有尊重的意识，和孩子沟通交流时要能理解孩子的视角，达成共识，尤其是在孩子年龄小时更为重要。

## （二）传统家庭教育中的亲子关系

在传统家庭教育中，往往以主客体的关系来呈现亲子关系，家长是教育的主体，是施教者，而孩子是教育的客体，是受教育者，因此在关系中孩子往往要服从父母的权威，顺从主体的意愿，传统家庭教育就会表现出主体强势支配客体，客体的权利被侵害的情形。

### 1. 孩子主体被漠视

中国的亲子关系是中国传统文化的体现，在一定程度上具有君君臣臣、父父子子的主客体二元关系特点，孩子对父母要做到伦理意义上的"孝"和服从绝对权威的"顺"，即以满足父母主体需要为基础来建构亲子关系，孩子作为主体的权利被忽视，突出了父母的绝对权威，在双方存在矛盾对立时，孩子的主体权利往往会服从父母的主体性，自己的主体性被忽视甚至被限制。

2. 孩子主体被支配

中国的传统文化是一种集体主义文化，在关系的边界上不同于个人主义文化，具有边界不清的特点。因此在亲子关系中，往往会表现出"以爱的名义"做出种种支配和控制。比如，在孩子成长的过程中，对于孩子上兴趣班和课外班的选择，很多父母会以"不要让孩子输在起跑线上"为理由为孩子做出选择，导致很多孩子缺乏主体自我对生命循序渐进的美好体验和感受，有时甚至会在无形中满足了父母自己的期待。在亲子关系中，孩子作为被支配的客体，被动按照父母规划好的路线前进。当孩子自我意识觉醒和具有一定的反抗能力后，孩子会为自己的"主体性"而战，会反抗父母，甚至与父母发生冲突，这种情况在青春期时尤为明显。

3. 孩子主体被侵害

在主客体二元亲子关系下，孩子的主体还有被侵害的可能。在一些家长的观念里，孩子的生命是父母给予的，并由父母抚养长大，孩子的主体权力没有被重视甚至被忽视，孩子有可能成为满足父母期待的工具，父母以"爱"的名义对孩子进行操控，比如孩子不喜欢乐器但是让孩子学习乐器、上课外班。父母对孩子的学业期待高，忽视了孩子主体发展的顺序性和阶段性，使孩子丧失了自主探究的兴趣和成长必备的好奇心。也有的家长通过体罚等手段让孩子获得认知的经验，以达到父母希望达到的状态。上述情况会妨碍亲子关系的发展，破坏亲子间的信任，严重时会对孩子的心理产生负面影响，导致其患有心理问题。

## （三）主体间性下的亲子关系

在主体间性的家庭教育中，父母要尊重孩子的主体性，平等地与孩子沟通交流，在协商的基础上共同进步。

1. 孩子是父母的他我存在

在主体间性的亲子关系中，父母首先要有这样一个认识：孩子于其而言是"我—他"的存在，从认识上转变父母与孩子之间的存在关系，进而建立以尊重为基础的交往关系。孩子对父母的尊重和认同，是在父母尊重孩子自主选择的基础上达成的，而不是一种要求和限制。尊重孩子的主体性，让孩子在主体间性的亲子关系中确立良好的自我观念，与父母形成积极的情感互动。

2. 孩子是自我的"尚未在"

孩子在主体间性的亲子关系中，是不受支配的主体存在，对于孩子自我来说，孩子的成长是充满希望的，是一种"尚未在"的状态，这种"尚未在"就是孩子的未来具有各种可能性，父母要充分尊重这种不确定性，看到孩子"尚未在"所蕴含的希望，让孩子自由自觉地成为自己生活的设计者。在主体间性的亲子关系中，孩子是不受父母支配的主体存在，孩子的学习活动是自我对于"尚未在"世界的自主自觉的探索活动。

3. 孩子是主体的实践存在

在主体间性的亲子关系中，孩子是主体的实践存在，而不是父母的私有财产。孩子学习和成长的方式要符合孩子的发展阶段，从事的活动要和孩子的认知发展水平相适应，父母要帮助孩子从现有发展水平向最近发展区发展，让孩子在发挥主动性的前提下成长，从实践中获得乐趣，探索学习的意义和价值。在主体间性的亲子关系中，强调父母要通过平等交流的方式来帮助孩子成长。

## 二、心智化

孩子在家庭中成长，之后走出家庭，走向社会，成为一名社会人。如何理解自己、如何与人交往就成为孩子成长中的重要议题。孩子面临的这个议题，在心理学领域被称为"心智化"。

心智化，又称心理化，由英国精神分析学家皮特·冯纳吉在1989年提出，是指在个体有意图的心理状态（如个人的欲望、需要、情感、信念和推理）的基础上，明确地或含蓄地把自己和他人的行为解释为有意义的一种心理过程。心智化是一个人自我意识不可或缺的部分，其本质是自我调节。

简易的"心智化"的定义包括以下五个方面：将心比心；关注自我和他人的心理状态；对误解的理解；从外部看自己，从内部看他人；提供心理特征或心理上的培养。心智化的目标是鼓励个体更多关注自我和他人的心理状态，培养个体的多视角的意识，提升个体的心智化能力。心智化的过程一般包含三个维度：第一个维度与两种意识水平的运作模式有关，即内隐心智化和外显心智化；第二个维度与对象有关，即自我与他人的心智化；第三个维度与心智化的时间框架及范围有关。

心智化作为维持心理功能正常运行最基本的一种能力，呈现出个体性和差异性。这种差别主要体现在超出和低于正常的心智化水平，被称为过度心智化和心智化缺陷。心智化缺陷的情况更容易出现在人格障碍、自闭症、精神分裂症的患者中，尤其是边缘人格障碍患者。情绪调节困难是所有领域功能失调的核心病理，主要表现为难以理解他人的意图和情感，或无法完整叙述自身的观念，难以调节自身情感，从而导致无法进行正常的社会交往活动。心智化不是一种全或无的现象，而是"一种心理内容的连续不断地转换，这是通过表征的增加和组织而实现的"，它是一个缓慢而逐渐发展的过程。

### （一）心智化与依恋

心智化和父母的教育是怎样的关系呢？

心理不仅仅是从内部发展的，很大程度上是从外部发展的。实际上，婴儿在照顾者的心理中发现了他们自己的心理，心智化依赖被心智化，也就是依赖照顾者的心智化。因此，心智化是在依恋关系的情境中发展起来的。在家庭教育中，父母作为孩子的主要照顾者，对孩子的心智化水平有重要影响。

心智化的形成背景基于安全的早期依恋关系。人类的依恋系统和心智化能力之间存在比较复杂的连接，也包括生理上的关联。心智化能力最初是从婴儿与母亲的镜映中获得，婴儿在母亲的怀抱里观察并学习母亲对于他人各种行为的相应表情，这种镜映学习能够帮助婴儿了解自己与他人的关系。依恋关系可以调节儿童情绪。婴幼儿处在压力状态下时，依恋系统被激活，然后去寻求母亲的安抚；母亲做出相应的反应后，婴幼儿调整自己的情绪并持续到下一次面临压力状态。这种循环能够有效调节儿童情绪，并有助于他的心智化良好发展。

另外，从生理学角度观察，有更好依恋历史的母亲在和孩子玩耍的时候，孩子会产生更多的肾上腺皮质激素，继而分泌皮质醇，降低下丘脑—垂体—肾上腺（HPA）轴对人类依恋系统的调节作用，这会帮助孩子发展出倾向于安全的依恋关系，进而促进心智化能力。对于拥有完整心智化能力的人，如果遭受精神创伤，自我也会启动防御机制保护自己以应对强烈的情感、言语等，把创伤体验驱逐出精神系统以实现自我保护，从而就会陷入心智化缺陷中。

### （二）心智化的发展阶段

心智化的发展具有心理等同、假装模式和反思模式三种模式。心理等同，即内在世界与外在现实被简单地对等起来，信念与现实之间没有区别。一个人的思考和感受直接反映外部世界中发生在本人身上的事件，反之亦然。假装模式，即内心世界与外部现实完全脱离，一个人完全逃避在现实之外，也就是说任何想象的事件都是真实的，外部现实都是无关紧要的而被忽略。反思模式，即一个人能够认识到内心世界与外部世界是有区别的，也是有联系的，既能够反思自己的思考、感受、幻想是如何影响真实事件的发生，同时又能够受到真实事件的影响。

心智化的这些体验模式是在发展过程中依次展开的。婴幼儿在心理发展的早期就是处于这种心理等同的模式之中，这就能够让人理解婴幼儿对某些事件或情绪的反应为何如此强烈，因为在他们的内心世界里，所体验的就是外部现实。在那之后，儿童会处于假装模式中，在这种模式中，外部现实是与他无关的，这样他就可以直接释放与外部世界相同的恐惧。在临床上，来访者常受困于前两种模式之中：在心理等同模式下，他们把自己的内在感受完全投射到外部，或者全然接受外部的影响；在假装模式下，他们无视外界，完全沉浸在自己的幻想之中。大约到 4 岁，儿童就开始整合这两种模式，并逐渐发展出对内部世界与外部现实之间的反思能力，也就是所谓的心智化能力。

心智化能力的最佳发展途径依赖儿童与更成熟、更敏感的父母之间的互动，因此在心智化的发展中考虑依恋是必不可少的。依恋支持了心智化的发展，它传递了这样一种能力，让人体验到自己可以被他人理解，这种体验反过来又帮助他获得理解他人的能力。因此，在安全依恋的关系中，心智化才能得以健康发展。研究表明，安全型依恋的儿童比不安全型依恋的儿童在心智化领域表现得更好。83% 的安全型依恋的 4 岁儿童通过错误信念任务测试，而不安全型依恋的儿童通过率仅为 33%。另外还有许多证据表明：安全型依恋的儿童比不安全型依恋的儿童心智化程度更高。

## （三）心智化的培养

儿童心智化的发展需要家庭和社会提供相应的心理营养，也就是说，家庭需要为 0~6 岁的儿童提供必需的心理支持。针对不同年龄的儿童提供相应的对策，用以提高儿童的心智化程度。

### 1. 0~3 个月

0~3 个月的儿童需要"无条件的接纳"和"重要感"，这一阶段是心智化发展的初始期。儿童是否在父母的生命中处于首要地位，对安全型依恋的建立十分重要。这一阶段，儿童只能通过哭来表达自己的情绪。此时，家庭成员扮演的角色是"翻译者"，这时心智化程度越高的父母，越能及时而且准确地"翻译"儿童的需求并提供帮助。父母是否在儿童出生时就已经有物质基础来摆脱生活压力？儿童出生时夫妻是否还处在感情磨合期？母亲是否已经接受角色的变化，有过相应的训练和良好的榜样？这些都会影响母亲能否尽责养育儿童。压力和各种负面情绪会直接影响母亲的情绪，会导致母亲从情感上不够接纳儿童，只是从理性的责任感出发照料儿童。如果儿童在"无条件接纳"和"重要感"两个方面得不到满足，儿童的心智化就会出现问题，会不断寻觅，以找到一个人，在他面前自己最重要、最被接纳。家庭在这个时期需要提供必要的物质基础，以确保儿童的生理需求可以得到及时的满足。同时，家庭成员在这一时期应将生活重心转移到新生儿身上，无条件、不批判地接纳新生命的到来。

### 2. 4 个月~3 岁

这一阶段的儿童需要安全感的建立。这是儿童心智化发展的关键时期。儿童在这个时期开始学习分离和独立，以及为自己的行为负责，自我意识从此开始萌芽。儿童最先开始学会一些自我安抚的方法，如吃手或者迷恋一些替代物如毛巾、柔软有毛的玩具等，来初步尝试与母亲的分离。在学会走路后，儿童大大地拓展了自己的生活空间，开始更多地交替尝试亲密与分离。后来，儿童开始尝试自己独立完成任务，对父母的过度帮助表现出了"逆反"的情绪。此时，家庭成员需要扮演的角色是"陪伴者"，给予适当帮助和照顾的同时，留给儿童独立成长的空间，在儿童需要帮助的时候要及时提供帮助，在儿童想要自我探索和尝试的时候要放手为其提供空间。在儿童想亲密的时候，家庭成员就可以跟他亲密；想要帮助的时候，家庭成员就能来帮助；而儿童想自己玩、做事情的时候，家庭成员也允许并关注，如此这般的互动，儿童的安全感就能够建立起来，从而安全型依恋也就顺理成章地得以建立。这一阶段，儿童心智化发展良好，就不会有分离焦虑，适应分离和变化的能力就会增强。例如，面临入托、失恋、亲人去世等分离事件，表现出更强的心理弹性。

3. 4 ~ 5 岁

这一阶段的儿童需要得到肯定、赞扬和认同。这一阶段，儿童的自我意识逐渐建立，开始有"我"的概念了。儿童十分关注这个"我"够不够好。在自我认知和评价方面非常依赖他人，非常需要他人的赞扬、肯定和认同，而最主要的他人就是儿童的父母，其中父亲的影响力逐渐超越母亲，这时家庭成员所扮演的角色是"鼓励者"，这对于儿童的自我价值感、性别认同都十分关键。在此阶段，心智化程度越高的父母，发现和欣赏儿童优点和好处的能力就越强，越能抱着欣赏乃至学习的态度，看到儿童个性中天生的优势。在这一阶段，家庭成员尤其是男性角色需要给予儿童更多的鼓励和支持，并且要及时且准确。

4. 5 ~ 6 岁

这一阶段的儿童在不断寻找认知、学习的模范，成为自己生命中的重要他人的样子。儿童将通过三个层面进行学习：如何处理问题、如何处理人际关系以及如何管理情绪，家庭成员此时要扮演的是"引路人"。这一阶段，儿童的行为模式很大程度上是模仿身边的重要他人，父母成为儿童模仿的首要对象。如果父母不能给予这一部分的需求，儿童可能去追星，选择距离较远的偶像作为自己行为的"模板"。此时，父母应努力成为儿童的榜样，引导儿童的发展。

如果儿童在以上各个时期，所需的心理营养都能得到充分满足，儿童就很容易与父母建立安全型依恋，在安全型依恋的基础上，儿童的心智化发展水平程度也会比较高。同时，心智化水平越高的父母，越容易准确及时地给予儿童所需要的心理营养。

## 三、自我同一性

对于父母而言，要培养一个具有良好心智化能力的孩子，这个孩子在成年后走出家庭时，要能够明确自己在社会上要成为一个怎样的人，能够对自己的自我状态有恰当的评价，对于自己的未来发展有初步的规划，在面对压力和挑战时有良好的适应能力，具有良好的自我概念。这样的孩子，通常被称为一个自我同一性达成的孩子。

"自我同一性"这个概念由埃里克森在 1946 年引入心理学，在 1963 年被广泛应用于心理学领域。埃里克森分别从过程、内容、功能、结构四个方面来界定自我同一性的概念。自我同一性是一种重要的心理社会现象，是指人格发展的连续性、成熟性和统合感，它包含三个层面：（1）最基本的层面，此层面的自我同一性体现为自我综合和个人性格的连续性，指儿童期自主作用的、无意识的综合信念；（2）个人同一性，即自我与环境相互作用下个体表现出的一套目标、价值观和信念，是个体的独特性以及与人不同的其他方面；（3）社会同一性，也就是作为社会一员与团体理想一致，形成内在保持感和团体的归属感。因此，自我同一性包括基本的自我同一性、个人同一性和社会同一性。

具体而言，自我同一性可以解释为：（1）自我同一性是对"我是谁"的回答，既有明确的部分，如"我已经是什么""我想成为什么"和"我应该成为什么"，也有排除的部分，如"我不是什么""我不想成为什么"和"我不应该成为什么"；（2）自我同一性是人一生的心理社会发展任务，是通过自我的整合功能，形成关于自己在个性、信念、目标、价值观等方面成熟稳定的自我概念，并成为自我发展的标志和动力；（3）自我同一性是内在自我与所处环境之间的平衡，一方面与自我发展相联系，是一个人的真实自我、现实自我和理想自我一致性关系的建立，是自我内在张力的适度体现，又是自我与社会文化环境相互作用的适应性反应，产生经验的一致性和连续性，使个体能够将过去、现在、将来的自己整合，在主观上具有互为关联的存在感、一致感和连续感，在生活上有意义感和方向感，在客观上能够保证一个人和社会有效整合，能够在社会中找到自己适合的位置；（4）自我同一性是人的自我调节系统，是个体行为的准则，是个体在外界环境刺激下同化和顺应的结果，因此它不是机体自然的成熟，而是个体主动建构的过程，它可以使个体在矛盾的现实中保持人格的统一，这标志着自我的发展和人格的成熟。

### （一）自我同一性的状态

埃里克森认为，自我同一性的形成是青春期发展的核心任务，青少年必须以一种全新的方式整合童年时期的认同，使自己获得一种连续感，同时与社会建立互惠的关系。如果青少年在这一阶段初步形成适应性的职业观和价值观，就表明其解决了发展危机，建立了自我同一性。

加拿大学者玛西亚基于埃里克森的理论，将自我同一性构建为由探索和承诺两个独立的维度，其中探索指个体努力寻求适合自己的目标、价值观和理想等的过程；承诺指个体为认识自己、实现自我，而对特定的目标、价值观和理想做出的精力、毅力和时间等方面的个人投资和自我牺牲。其中探索维度表示危机是否存在，承诺维度表示处理危机的结果。

青少年经过探索和承诺，就可以建立自我同一性。根据每个人探索和承诺程度的不同，自我同一性可以分为以下四种状态（见表8.1）。

**表 8.1　自我同一性状态**

| 个体积极寻找同一性吗？ | 个体已经确定了自己的选择了吗？ | |
|---|---|---|
| | 是 | 否 |
| 是 | 同一性达成<br>■ 自我坚定感和安全感<br>■ 确定了职业、宗教、信仰、性别角色的观念等<br>■ 充分考虑别人的看法、信仰和价值观，但自己的决定是自己做出的 | 同一性延缓<br>■ 正在经历同一性危机，或者正处在转折点上<br>■ 对于社会没有清晰的目标<br>■ 没有清晰的自我认同感<br>■ 正在积极地争取获得同一性 |
| 否 | 同一性早闭<br>■ 对于自己的职业和各种理念已经有所定位<br>■ 缺乏自我建构的过程，不假思索和不加怀疑地接纳他人的价值体系<br>■ 在获得自我同一性的过程中过早做出决定 | 同一性混淆<br>■ 缺乏方向<br>■ 对政治、宗教、道德或职业问题不关心<br>■ 做事情不问为什么<br>■ 对其他人为什么要做那些事情不关心 |

注：张厚粲译，［美］Robert J. Sternberg & Wendy M. Williams 著：教育心理学，中国轻工业出版社，2003 年 9 月第 1 版，第 77－78 页.

同一性达成：具有高探索和高承诺的同一性达成者。这样的青少年已经经过探索，认真考虑过各种选择，结合自己的情况，并对特定的目标、信仰和价值观做出了坚定、积极的自我承诺。

同一性延缓：具有高探索和低承诺的同一性延缓者。这样的青少年正处于探索的过程中，正在不断收集信息、积极尝试各种活动，逐步在发现引导他们生活的目标和价值观的过程中，尝试各种选择，但是目前还没有对特定的目标、价值观和意识形态等做出明确的肯定和持续的投入。

同一性早闭：具有低探索和高承诺的同一性早闭者。这样的青少年没有体验过多方面的积极探索，但是却做出了承诺，这种承诺往往不是来自青少年自己内心的需要，而是更多地来自父母等重要他人的期望或建议，是青少年对自己父母的被动认同。

同一性混淆：低探索和低承诺的同一性混淆者。这样的青少年没有仔细思考或探索过各种与同一性有关的主题，很少进行探索性尝试，也没有机会去做各种努力，对自己要发展的方向不清晰，没有确定自己的目标和价值观，也未对特定意识形态、价值观或社会角色做出清晰的承诺。

实证研究发现，四种同一性状态分别与特定的人格特质和行为相联系。同一性达成状态是最成熟的状态，因为它与平衡的思维、有效的决策和深层次的人际关系相联系，能够与周围的环境有效互动，能够得到支持和肯定，耐受挑战和挫折。同一性早闭状态与一定程度的封闭、自满和僵化特征相联系，灵活性不足，更为自我中心，有独断的倾向。同一性延缓状态是四个状态中最具有开放性的，但同时也与情绪波动和压力相联系，在面对现实压力和挑战时，需要得到支持来进行尝试。同一性混淆状态与很多适应不良的行为相关，在青少年身上可以表现为学业问题和物质滥用等问题，在原生家庭中得到的支持不足，人际关系疏离，与周围环境不能协调，而且他们与原生家庭成员关系疏远，人际交往技能也较差。

## （二）影响自我同一性的因素

自我同一性是青少年发展的重要问题，生理、心理和社会环境等综合因素共同促成了个体自我同一性的发展，从而也导致同一性发展过程表现出明显的个体差异。

1. 家庭因素

父母教养方式。父母教养方式是父母教养态度、观念和行为以及非言语表达的综合。父母教养方式在亲子互动过程中直接展现，从婴儿期开始就对儿童的发展有多方面影响。有很多研究发现，权威型教养方式有利于促成青少年的自我同一性的获得，专制型教养方式可导致青少年同一性提早成熟，而溺爱型和忽视型教养方式则易导致青少年自我同一性扩散，不利于青少年自我同一性的形成。一般来说，来自温暖但不过分压制和溺爱家庭的青少年，其同一性能够健康的发展。研究发现，父母温情的缺乏与青少年"承诺"中出现的问题联系更多，而父母鼓励的缺乏与个体在广泛"探索"中出现的问题联系更为密切。

亲子互动。研究表明，亲子互动模式对青少年同一性的发展起重要作用，既鼓励个性化，又鼓励联结性的家庭关系能促进青少年同一性的形成；当家庭内部联结性强而个性化弱时，青少年经常处于同一性的提早成熟状态；与此相反，当个性化强而联结性弱时，青少年常处于同一性混乱的状态。还有研究发现，在亲子互动过程中，父母的解释、接受、支持等授权行为比使用贬低、批评等限制行为更有利于促进青少年同一性的发展。在亲子情感关系中，父母与青少年之间的良好沟通模式有助于青少年得到情感支持与探索，有利于青少年更好地探索自我同一性，而与父母沟通不良的青少年更容易出现各种情绪和行为问题，不利于青少年进行探索，更不利于其专心投入承诺的实践。

2. 同伴关系

同伴对青少年的发展具有重大的作用，尤其是进入青春期后更为明显。父母和同伴都对青少年同一性有促进作用，但是影响的方面不同，父母影响青少年对未来的态度和对社会现实的知觉，而同伴可为青少年提供学习新的社会技能和分享新体验的机会，让青少年体验到表达自我同一性的归属和爱。因此，同伴和同伴群体是影响青少年自我同一性发展的重要背景因素，在青少年同一性发展的不同阶段作用不同。

进入青春期后，青少年选择朋友的出发点不再是共同从事的活动，而是基于共同的兴趣、价值观和信念。当青少年面对压力和挑战时，往往会参照同伴和同伴群体的态度和行为作为自己决定的参考，来自同伴的社会支持对青少年总体自我价值感具有一定的预测功能。从青少年中期开始，个体逐渐脱离了父母的控制和权威，而与同伴和同伴群体的关系变得更为紧密。研究发现，在青少年中期相互认同为最好朋友的青少年，具有相似的同一性状态以及与自我同一性相关的许多行为、态度和目标。青少年晚期的个体重新协调以前与同伴的依恋关系，建立起新的亲密形式，青少年与同性别同伴的亲密度增加；同时，部分青少年逐渐进入成对的关系阶段，同伴群体的作用相应减小。

### 3. 青少年的自身因素

人格特征。一般来说，同一性达成的青少年使用更多适应的防御机制，并表现出更高的自我发展程度、个人自主状态和自尊水平。处于延缓状态的青少年具有更高的焦虑水平，并通过拒绝、认同等防御机制来处理自己的焦虑，同时也表现出一定的开放性，能够接受新的经验和事物。同一性早闭的青少年会表现出高水平的控制性、低水平的开放性，并使用防御性的自恋来维持自尊，对新的经验和事物接纳程度低。处于混淆状态的青少年表现出了低水平的自尊，在面对问题时自主性低，对自己的发展方向不清晰，比其他状态的青少年表现得更为羞涩。有人研究了人格五因素模型的各人格维度与同一性状态之间的关系，发现同一性达成的青少年比其他青少年具有更高的外向性和更低的神经质水平，同一性早闭的青少年具有更少的开放性，同一性混淆的青少年更神经质、更不开放，宜人性更差。

心理健康。埃里克森认为同一性是心理活力的体现，玛西亚也将同一性与心理健康联系起来，认为同一性获得的个体是最健康的，它表明个体具有了良好的适应环境的能力。也有许多研究考察了四种同一性状态的个体在焦虑、抑郁、孤独、精神病问题和神经性依赖等心理健康方面的差异，综合多项研究结果，在总体心理健康水平上同一性状态由低到高的顺序依次是同一性延缓、同一性混淆、同一性早闭和同一性达成。

认知因素。有心理学家指出了认知成分在自我同一性形成中的重要作用，与未经历探索的青少年相比，已经历探索阶段且拥有强烈同一性意识的青少年比其他未经历探索阶段的青少年拥有更复杂的自我概念结构。研究发现，青少年同一性的发展程度和其自我信念矛盾的大小相联系，提早成熟和同一性达成的青少年比处于延缓和混淆状态的青少年体验到更低的自我信念矛盾水平。

### （三）　自我同一性的培养

在个体生命的不同发展阶段，父母、亲人、同伴以及社会文化，都在青少年自我同一性的形成中起着重大作用，规范着他们的态度和行为。下面将针对四种自我同一性状态，具体阐述如何在家庭教育中对青少年的自我同一性进行适当的培养。

1. 同一性达成状态的青少年

对于同一性达成状态的青少年来说，因为他们的同一性问题已经解决，前面各阶段的冲突解决都很成功，父母在家庭中与孩子能够按照既往的模式相处，保持孩子发展的稳定性。父母需要与孩子工作的时刻往往是孩子面临重大事件甚至危机情境时，需要父母为孩子提供稳定的支持、资源以及应对建议，因为孩子本身已经具有了稳定且适应的自我状态，父母需要做的就是继续提供新的领悟和探索机会，真正满足他们的需求，容许他们的才能有机会表达，并引领他们走向真实的社会角色。

2. 同一性延缓状态的青少年

对于同一性的形成，每个人都有自己的情况和节奏，对于那些正为同一性形成而努力的、处于合理延缓期的青少年，相比那些不太可能寻求帮助的处于早闭型同一性状态和混淆型同一性状态的青少年，他们可能不那么需要直接的干预。在家庭教育的过程中，父母需要成为一个对青少年同一性整合感兴趣的人，理解、支持、尊重其感受的人，并能让青少年通过父母的感受来理解自己的感受，最大限度地帮助处于延缓期的青少年探索他所处的社会中职业方面、意识形态方面以及性方面的角色，让青少年找到与个人兴趣、天赋等相匹配的社会角色。

3. 同一性早闭状态的青少年

处于同一性早闭状态的青少年，其同一性是通过内投和自居机制而不是通过自我整合达成。这些青少年在童年时得到了父母等重要他人过于充足的爱和关怀，但却失去了自我定义和自我发展的能力。这些青少年看似在职业目标的发展上顺利前进，有明确的观念信仰，实际上他们并没有根据自己内心的需要做严肃认真的探索。因此，他们形成了僵化的同一性结构，在应对新的生活情境的挑战时弹性不足。

对于处于同一性早闭状态的青少年，在家庭教育的过程中，必须在努力提供新的自居模型以及介绍更好的选择的同时，让他们僵化的模式有所松动和调整，在安全的状态下进行探索和尝试，增加应对问题的弹性和开放性，鼓励其做出新的尝试和选择。

4. 同一性混淆状态的青少年

同一性混淆状态的青少年在寻找社会位置方面有困难。早年的心理社会阶段的冲突没能顺利解决，可能会从根本上导致青少年同一性混乱。对这类青少年的帮助是比较困难的，因此在家庭教育中要去培养青少年对关系的最基本的信任以及最终对自己的信任，尽管达成这个目标很困难，但只有解决这个基本的发展冲突，才有可能帮助青少年找到自主的自我感。如果同一性混淆的青少年的困难不是出现在勤奋期之前，家庭教育的回应可能会帮助青少年找到或重新连接上童年期蛰伏的兴趣和才能，父母要帮助他们意识到自己的独特特质和经验，并能够在适宜的环境中得以发展。

因此，青少年自我同一性形成的最好促进方式是允许他们的发展有一个合理的延缓期，而不是提前为他们预订好角色。父母容许青少年尝试不同角色，不给青少年的尝试贴标签，会让青少年从中大受裨益，最终让青少年的自我同一性得以顺利形成。

## 四、性别角色教育

性别角色教育是家庭教育的重要组成部分，传统的性别角色教育已经在现在的社会文化背景下受到了极大的挑战。

性别分为生理性别（Sex）和社会性别（Gender）。生理性别指男女两性在生理上的分化，具体表现为生理结构和生理机能的差别。社会性别与生理性别相对应，指两性在社会文化的建构下形成的性别特征和差异，即社会文化形成的对男女差异的理解，以及在社会文化中形成的属于男性或女性的群体特征和行为方式。一般来说，性别角色是在先天的生物学性别基础上，受到后天环境和自我概念的影响而在后天的社会生活中形成的一系列符合社会规范的行为模式。它是社会对性别群体的先验的看法和期待。教育领域中研究性别角色包括性别角色认同、性别角色差异、性别角色的社会化、双性化教育等问题。

### （一）性别角色发展的主要理论简述

1. 精神分析理论

以弗洛伊德为代表的精神分析学派是儿童社会性发展理论的重要流派之一，该理论以无意识和本能为核心，将儿童发展分为口唇期（0～1岁）、肛门期（1～3岁）、性器期（4～6岁）、潜伏期以及生殖期。在性器期之前，男孩和女孩的发展方式相同，从性器期开始，男女性别分化开始出现，为了取悦异性家长而模仿同性家长的言行，男孩表现为"恋母情结"，将父亲所代表的社会戒律变成自己个性的一部分，并逐渐获得性别自居，继承父亲的角色规范，而女孩表现为"恋父情结"，以母亲角色自居，自认只有以母亲为榜样，不断内化母亲的行为方式，才能赢得父亲的爱。这是弗洛伊德理论中超我的形成阶段。儿童的超我来源于父母等人的影响，父母等人的行为模式反映了社会公认的价值观和行为方式，因此儿童是通过模仿同性父母的行为来形成性别角色定型的。

2. 生物进化理论

生物进化的观点认为，男女人格特征差异的形成是由于男性和女性在人类发展史上面临着不同的进化过程，自然选择导致了最基本的男女差异，而这些差异将决定劳动的性别分工。女性要孕育后代，因而变得善良、温柔并富有教育能力，男性要对女性体贴并为母子提供食物来源和必要保护，因而变得富于竞争性、果断性和积极进取性。因此两性的不同之处来自两性在人类进化过程中的适应。

3. 科尔伯格的三阶段模型

科尔伯格认为，性别角色是儿童对社会的认知组织。第一个阶段是性别认同，即儿童对自己和他人的性别的正确标定，这是性别认知的第一步，儿童大约3岁时能分清自己的性别；第二个阶段是性别稳定性的出现，即儿童意识到一个人的性别将是终身不变的；第三个阶段是性别一致性，指儿童认可一个人的性别是永久的，不会随服饰等外表的改变而改变。这三个阶段表征了儿童对性别恒常性的理解，即认识到一个人的性别是自我的固有成分。儿童只有在形成了相应的性别结构之后，他们才会注意和模仿同性别的榜样，这是获得性别角色的基础。随着社会认知的发展，儿童逐渐形成了"男性特征"和"女性特征"的观念，并努力使自己的行为与性别角色观念相一致。由于智力的发展，儿童可以达到自我的社会化，自己选择与性别角色适合的行为。

### 4. 性别图式理论

性别图式理论认为，在性别问题上，几乎所有的社会都教给儿童以下相关知识：第一，将成为认知图式的、与性别有关的联系网络；第二，与人类的各种经验有着内涵和外延联系的男女两性区别。如儿童会通过观察父母、教师、同伴来学习适当的性别行为，包括衣着、职业、爱好以及家务劳动的分配等，因此性别超越了其他社会分类而成为认知图式。反之，如果社会限制与性别有关的联系网络或减弱对两性差别的强调，儿童便很难具有性别图式，也就无法被性别定向。性别图式提供的信息可以引导儿童的行为与传统性别角色的要求相一致；通过提供信息组织的结构，使儿童按性别图式搜索特定信息，弱化与图式不一致的信息；通过性别图式提供的信息，儿童无论在熟悉的还是信息确实的环境中，都能借助自己关于性别的知识对他人的行为和偏好进行推论。性别图式理论将人的性度分为双性化、男性化、女性化、中性化四种，并通过量表测试，得出"双性化的女性比其他人有更显著的独立性，能较好地表现女性气质，并有强烈的自尊感"。相关的研究结果为"双性化"教育的兴起提供了坚实的基础。

### 5. 社会学习理论

社会学习理论认为性别角色主要是儿童习得的行为方式，是通过经验获得的。以班杜拉为代表的认知社会学习理论认为，直接学习、对同性别榜样的观察学习或模仿是儿童性别角色获得的基础，而主动模仿与观察学习在儿童性别角色行为的塑造中起着决定性的作用。儿童模仿同性别的行为往往会受到正强化，而模仿异性别行为时会受到社会的否定。一旦榜样的行为模式被储存到记忆中，儿童就会产生模仿行为。

## （二）传统性别教育与性别角色双性化教育

### 1. 传统性别教育

无论古今中外，性别是一个社会对人最基本的分类标准，并且几乎所有的社会都期待男性和女性分别扮演不同的社会角色，具有不同的行为方式。由于两性在体格、力量以及解剖学上存在的差异，传统上男性从事体力等方面的工作，女性则从事以照顾家庭为主的工作，这种因生理差异形成的社会分工延续下来成为影响人们行为模式的传统性别角色观念。

传统性别角色理论认为，男性需要理性、坚强，以任务完成为目的，在社会中主要承担"工具性"角色；女性则要学会照料他人，操持家务，以给予他人情感支持为目的，主要承担"表达性"角色。性别角色的维度是单一的，男性化和女性化是两个对立的两极，个体不是男性化特质，就是女性化特质，绝没有两者都存在的可能。男性化特质与坚定、强壮、独立等词相连，它指向社会和职业；女性化特质与温和、善解人意、有爱心、富有同情心等词相连，其指向主要是家庭和家人。此外，传统性别角色理论还认为具有男性化特质的男性比具有女性化特质的女性在心理上更为健康。

2. 双性化教育

随着女权运动的兴起，罗西在1964年第一次正式提出"双性化"的概念。针对传统的"单性化"，他认为"个体可以同时拥有传统男性和传统女性应该具有的人格特质"。这使得人们对男性化、女性化和性别角色的认识有了根本的变化。研究双性化最具代表性的人物美国心理学家桑德拉·贝姆设计了第一个测量双性化的心理量表，并基于对实证数据的统计分析发现，男性特质和女性特质是两个不同维度，而非一个维度的两极，并进一步用中位数分类法将被试分为四种性别角色类型：双性化（男性化特质和女性化特质得分都高）、男性化（男性化特质得分高，女性化特质得分低）、女性化（女性化特质得分高，男性化特质得分低）和未分化（男性化特质和女性化特质得分都低）。双性化理论出现以后，"男人"和"女人"就不再是社会对立的两极，而是具有了共同特质、在共同发展基础上具有无穷发展潜力和空间的生命存在体，双性化理论越来越得到社会的普遍认同。

双性化理论认为，双性化的个体摆脱了传统性别角色的桎梏，综合了两种性别中各自最有价值的元素，是发展最成熟、人格最完善的人。国内外心理学的实证研究也确实发现，相比男、女单一性别特质的个体，具有双性化人格特征的个体，其心理健康和社会适应程度更好。性别角色双性化者对自我的认知和评价更为积极，其自尊和安全感水平高，人际交往能力强，抑郁、焦虑等消极情绪较少，主观幸福感水平更高，比那些在性别特征上较为传统的个体更受欢迎，更能适应外界的变化和要求。

## （三）性别角色教育

双性化教育是一种最佳的教育模式。在工业化和计算机技术的进步改变了工作性质的背景下，传统的需要体力的工作变得更为需要思想和想象力，这一变化不仅使得女性和男性站在同一起跑线上，也使得基于生理差异的传统社会分工逐渐模糊、传统性别角色差异日渐缩小，越来越多的两性开始从事过去只有异性才能从事的职业。社会发展的实践要求越来越多的两性不能局限于单一性别范式的束缚，而应该具有双性化人格。所以，双性化是顺应新时代的一种角色发展的必然趋势，是顺应现代社会发展的最理想的性别角色模式。

### 1. 进行人格平等教育

双性化教育不是无性别的或是性别中立的教育，无视性别差异的双性化教育会导致越来越多中性化儿童的出现。在性别角色理论中，中性化实际上是去性别化，也就是一种性别的未分化现象，是一种既缺乏男性正性特质又缺乏女性正性特质的性别角色。性别的未分化现象实际是心智不成熟、人格不完善的表现。未分化个体在问题解决、人际交往中可能会遇到更多的问题，甚至出现性别认同困难，不仅怀疑自己的生物学特性，也无法接受自我作为一种固定的生理性别的现实，导致角色紊乱和迷失。因此，家庭中的性别角色教育一定要注意儿童早期性别认同的确立，一方面要让儿童意识到生理构造上的差异是无可否认的现实，能悦纳自己的性别，另一方面在符合个体性别特征基础上鼓励儿童发展其他性别特征。由此可见，双性化不是取消性别差异，其本质是在保留本性别特征基础上的人格平等教育。男孩和女孩都应在发挥自己性别优势的基础上注意向异性学习，克服自己性格上的弱项，促进身心的全面发展和人格完善。因此，儿童性别角色教育一定要正确认识双性化教育的真正内涵，不能人为地抹杀本来存在的性别差异，不能走向中性化或者无性别化的教育误区。

### 2. 坚持性别平等教育

男女两性之间的差异基本在于生理构造上的不同。男性和女性基于生理性别的差异被社会历史文化赋予了不同的行为模式和社会职能。男性和女性是生而平等的，作为社会存在的产物，他们应该享有同等的教育权和发展权。因此，性别平等是性别角色教育的前提，父母只有树立了真正的性别平等理念，才能平等对待不同性别的儿童，促进性别平等教育、双性化教育的实现。性别平等教育是在尊重自然性别特征的前提下促进儿童的平等发展，并不意味着拒绝多元化、多样性。通常，男孩的抽象思维能力和空间概念较强，女孩的语言能力和艺术特质更具有优势，家长一定要理解并尊重这种不同，既要承认男女生理上的差异，也不能被性别的不同所禁锢；既要鼓励孩子的全面发展，又不至于出现忽视性别教育的现象。因此，普遍存在的性别差异要求家长了解并尊重个体的差异，不歧视、不排斥，采用多元化教育手段，设置不同的教育目标，达到全面发展、共同发展的目的。

3. 避免性别刻板印象

长期以来，人们对男性和女性应该具有的人格体征和行为模式形成了僵化不变的性别观念，小到穿衣戴帽、大到职业选择，总是不自觉地受到性别刻板印象的影响。性别刻板印象限制了个体的最优化发展，给身心健康、家庭和谐、职业选择和个人提升设置了阻碍和屏障。儿童性别角色教育中一定要去除性别刻板印象，在家庭中展示两性平等的角色和地位，探索有效帮助孩子发展的方法和措施；尊重孩子的自主选择，鼓励孩子从事传统上只属于异性的活动及共同活动。在家庭教育过程中也应通过丰富多彩的活动打破传统性别定型观念的限制，帮助孩子逐渐认识到：不论是男孩还是女孩都应该了解自己的长处和缺点，注意向他人学习，向异性学习，最大限度地发挥自己的潜能和优势，逐渐形成良好的个性心理品质和社会适应能力。

# 五、游戏

游戏对于儿童的身心发展具有重要的作用。

游戏通常被界定为以其本身为目的的活动，具有"手段大于目的"（如游戏的过程比其结果和目的更重要）的特点。通常来讲，游戏的主要类型包括物体游戏、假装游戏、社会戏剧游戏和身体活动游戏（练习游戏和追逐打闹游戏）。

游戏被教育界喻为亲子沟通的"双向翻译机"，是亲子沟通的另一种"语言"。游戏可以促使家长与孩子之间产生情感共鸣，使两者间互动更加有效。游戏不仅仅局限于以往的游戏时间、空间，而是充斥在孩子与家长日常生活中的方方面面，随时随地都可以发生。在游戏中，孩子尝试成人角色以探寻自身的力量，比如男孩子的战争游戏、女孩子的厨房游戏和照顾游戏，孩子尝试用一个成人的角色来开展游戏，在游戏中找到掌控感；孩子通过游戏获得精神世界的满足，包括游戏的愉悦感、情感的亲密感，比如和想象的朋友在一起、自己是一个超人拥有无穷的力量；孩子通过游戏能够自我治愈遭受的一些困难与挫折，治愈那些在不经意间受到的同龄孩子或者成人的伤害，比如，可以像大人一样批评甚至训斥布娃娃、可以重新把自己白天做的不满意的事情重复进行。

## （一）游戏的功能

许多研究者都认为游戏具有多方面的功能和价值。如鲍德温把游戏和人类发展的最高水平联系起来；皮亚杰认为游戏是主体对外部客体的同化；布鲁纳认为游戏能够推动儿童工具使用和问题解决能力的发展；米德强调游戏能够促进儿童自我概念的发展；维果茨基则把游戏看作推动儿童语言和思维发展的主要力量；在弗洛伊德看来，游戏有助于儿童宣泄不良情绪和适应环境；艾里克森指出：游戏给幼儿提供了发展动作技能（实际掌握社会行为）的机会，以及在后果最小的情境中进行各种尝试与学习的机会；艾贝思费尔德把游戏形容为"自我激活的练习"，即游戏能让儿童演练和试验各种社会角色并开始获得功能性的能力；对游戏这种多方面的功能，进化生物学家贝科夫给了一个极为精辟的比喻："就其核心而言，游戏是行为的万花筒。"近年来，研究者越来越明确地意识到，游戏在神经系统生长发育中起着核心作用，游戏是儿童建造复杂的、熟练的、敏感的、社交和认知灵活的大脑的重要方式。

## （二）温尼科特的游戏观

游戏对于儿童的发展是至关重要的。对温尼科特而言，游戏的质量等同于创造性生活。在游戏中，婴儿、儿童或成人在过渡空间内部或通过过渡空间沟通了内部世界与外部世界。游戏是一种体验，永远是一种创造性的体验，是一种时空连续性的体验，是一种基本的生存方式。在治疗中，重要的时刻是儿童通过自发游戏，使自己感到惊奇的时刻。

成人应该把游戏当作其本身，不能只注意到游戏内容，还应当看到游戏中的儿童。在游戏时，一方面要注意游戏的内容，将儿童游戏的内容比作成人的梦，将游戏作为一种手段，抑或将游戏作为帮助儿童做好准备期工作的重要媒介；另一方面也要看到游戏本身，以及注意到游戏中的儿童。游戏中的儿童所表现出的情绪状态、行为动作都是可观察到的，并且可以通过这些了解儿童的内心。

温尼科特在儿童游戏中已经注意到了儿童对"非我"所有物的使用。他认为："在儿童的成长历程中，早晚会有一种倾向，即将不属于'我'的客体编织进个人的模式中去。"如上所述，过渡空间与过渡现象是在内部现实与外在现实之间所体验到的中间领域。儿童在游戏时，他内心有一幅理想的情境，但是与现实的情境不相符，所以他构造了一个过渡空间，这个空间不同于内部现实与外部现实，正是游戏创造了这个空间，即儿童的游戏场就是一个过渡空间，使其内部世界与外部世界得到沟通，同时也为其心理发展的过程提供了连续性。

只有通过游戏，自我体验才能被发现和加强。弗洛伊德把梦视为"通往潜意识的捷径"，温尼科特则把游戏作为"通往潜意识的入口"，他认为游戏像梦一样，行使自我暴露的功能。这种暴露是观察者或者治疗者发现儿童的本质或症结所在。同时，游戏整合了丰富的生活体验，儿童与成人只有通过游戏才能发现自我体验，加强自我体验的真实感。

游戏具有一般、共同的特质，游戏能促进健康；游戏能引导进入群体关系；游戏能成为心理治疗中交流的一种形式。因此，游戏发展了儿童的友谊。温尼科特认为，只有通过游戏，友谊才能出现，与他人一起玩的游戏对于发展友谊关系是最基本的。同时，游戏所体现出的创造性、活力以及真实感都是健康个体的特点。

温尼科特认为攻击性是与生俱来的，但是其性质随着婴儿成长所依赖环境的不同而改变，好的环境使儿童的攻击性作为以一种有用的能量逐渐整合进入个体的人格之中，参与工作与游戏。

### （三）家庭中的游戏

在家庭中，父母要能够认识到游戏对于孩子发展的作用。首先，及时准确地通过游戏"翻译"孩子的需求。对于孩子在游戏中的言行举止，父母有机会理解孩子在亲密或孤独、自信或无力等方面的情感，并可以尝试在游戏中帮助孩子解决这些问题。其次，游戏可以让父母和孩子建立由浅及深的联结。孩子与父母共同游戏，可以让孩子感受到成人的陪伴和支持，治愈儿童因为联结断裂而产生的孤独感和无力感。最后，可以让孩子通过游戏构建自己的内心空间。儿童需要挑战的机会和独自探索的空间，孩子的基本情感需求得以满足后，才有能力去构建自己的内心空间，逐步实现自我成长。

对于家庭而言，要为孩子的发展提供一个促进性环境。促进性环境的特征是对儿童需要的适应，家庭就是要适应儿童的需要和成熟的过程。在孩子小的时候，这种有益于孩子发展的促进性环境为其创造了一个容纳性的物理和心理的空间，让婴儿受到保护；当孩子逐渐长大时，家庭就要鼓励孩子独立，逐步发展。在这个发展的独立过程中，孩子能够使用过渡客体，在过渡空间中逐步建立与现实真实世界的联结。

### （四）与孩子游戏

父母对于孩子游戏的态度是非常重要的。在家庭中，父母要给孩子提供面对多种可能、进行自主选择的机会，使孩子在生活中能够积极自主地参与各种活动。对孩子要宽容，对于孩子不成熟的思想和行动，父母要能够认识到其中蕴藏着儿童的成长与发展，因此要对孩子充满耐心和信心，善于理解他们的不成熟、宽容他们的幼稚甚至错误，给他们行动的自由和犯错误的权利。要为孩子创设自主选择的家庭环境，让孩子有自主选择的权力，对自己决定做什么与不做什么以及如何去做具有一定的自主决定权，给孩子创造自主选择的机会。

父母要学会角色转换。对于孩子而言，游戏是其认识世界的重要方式，而游戏对于父母而言已经没有太多的意义。因此父母如果想要和孩子建立相互信任的亲子关系，就需要将自己的工作、生活角色转换过来，在与孩子相处的过程中成为孩子的伙伴，或者孩子游戏里的角色。放下身段、放下成人已有的固见，参与孩子的游戏生活，就会发现游戏并不是想象中的麻烦和无趣，并且借助游戏还可以和孩子进行平等的交流，而这种交流相对于呵斥和命令更有说服力。

要有适当的身体接触。适当的身体接触是一种表达爱的有效方式，日常的拥抱和亲吻是亲子间表达情感最常用的肢体语言。游戏中有许多能增进亲子关系的方法，且在轻松愉快的游戏氛围中，身体接触更能够传达出父母的爱。身体的接触是最简单也最直接的情感表达方式，没有地域和时间的限制，且比语言的表达更富有体验性、情感性与真实性。在游戏的帮助下，身体语言的表达更能给儿童带来一种无形的亲密和安全感，以维持父母与孩子间建立起的情感联结。

父母要能够及时自我调整。在游戏中，父母要能够调节自己的情绪，排解自己的压力，调整自我状态，避免把生活和工作中的压力带到游戏中，从而给孩子带来消极影响。当父母觉得自己的状态并不好时，可以去找人倾诉、放松，及时调整自己，只有这样才能与孩子游戏，用儿童的方式来游戏。

# 第九章

## 60分父母

　　当人到中年时，从不同的系统看，已经身兼多重角色。在原生家庭系统中，是孩子，是同辈；在核心家庭系统中，是配偶，是父母；在社会系统中，是社会人；在一个人自己的内心世界中，是自己，是作为人的价值存在。在人生的这一段时间，如何做好自己，处理好自己生命中的各种关系，是每一个人都要去思考和实践的问题。

　　在婚姻关系中，很多人都对夫妻关系有完美主义的期待，期待自己能有一个"灵魂伴侣"。托马斯·摩尔曾说："一个灵魂伴侣，就是一个我们感到自身与之深深联系在一起的人，好像彼此的沟通和交流不是出于凡人的刻意努力，而是凭借神的导引。这种关系对于灵魂来说是如此重要，可以说没有什么在生活中比它更为珍贵的了。"对于灵魂伴侣的期待，就是"心有灵犀一点通"的期望，就是一个凝视、一点神情，对方都能心领神会，知之甚深。对于灵魂伴侣的期待，是每个人对于爱人能够理解自己、支持自己的理想期待，也就是表达了对婚姻关系的完美主义期待。

　　从现实来看，完美主义对于婚姻有怎样的影响呢？完美主义是咨询与临床心理学关注的焦点之一。有人从人际角度把完美主义分为自我取向、社会期许和他人取向三个维度，其中自我取向是指个体对自我的完美主义要求，社会期许是指感知到社会对个体自身的完美主义要求，他人取向是指个体对他人的完美主义要求。有关婚姻关系的研究发现，慢性疼痛病人伴侣的他人取向完美主义得分越高，病人的婚姻质量水平越低，家庭问题越多；对非临床样本夫妻的研究指出，夫妻双方的社会期许完美主义能负向预测婚姻质量。国内的研究表明，自我取向完美主义对婚姻关系有积极影响，因为自我取向完美主义者更可能将问题归因于自己而非伴侣，并不断努力做得更好；伴侣期许完美主义对双方满意度有负向预测作用，可能因为感知到来自伴侣的完美主义要求使个体有不被接纳的感觉；丈夫满意度主要受其自身自我取向完美主义的影响，妻子满意度则更多依赖于伴侣间完美主义水平。

由此可见，在婚姻中夫妻双方对婚姻都有完美主义的期待，对婚姻的完美主义期待也会影响婚姻的质量。那么，作为婚姻中的彼此，如何能够共同建设婚姻，让自己的婚姻向完美的状态发展呢？

## 一、夫妻关系建设

夫妻关系是一种亲密关系，也是一种契约关系，需要不断地建设。如果把婚姻比喻成一辆汽车，其养护机制和保养汽车有着共同的特点。如果你精心选购了一辆喜爱的汽车，在享受汽车带给你便利的同时，也要尽可能进行持续细心的保养，比如定期更换机油，添加润滑剂，并尽自己所能照顾好这辆车子。如果你照顾得好，这辆车子就能够发挥它的最大效用，如果车子出现问题而没有及时修理，就有可能出现小的问题，甚至会累积成严重的问题，以至于车子因严重损毁而不能使用，甚至会给你带来伤害。婚姻亦如此。

幸福的家庭是相似的，良好的亲密关系具有一定的共性，这种共性被称为亲密关系规则。有研究者对婚姻持续45年且对自己婚姻满意的100对夫妻做调查，让他们解释他们的婚姻成功秘诀，具有共性的回答是：他们珍视婚姻，认为婚姻是长期的承诺和忠诚；幽默感对婚姻是非常有益的；夫妻之间的相似度高，在大部分事情上能够达成一致想法；彼此真正喜欢对方，喜欢共度美好时光。

综合很多研究，夫妻间是存在共性的亲密关系规则的，这些规则在研究中被提及频次的排序如下：自主，允许伴侣在亲密关系之外结交朋友和保持兴趣，不要有太强的占有欲；相似，伴侣间应该有类似的态度、价值观和兴趣，差别不要太大；支持，在亲密关系中要提升伴侣的自我价值和自尊，不要粗心大意或不够体贴；开放，真诚而又真实地进行自我表露，不要沉默寡言，不表达自己的观点和态度；忠诚，对伴侣保持忠诚和贞洁，不要出轨；共处，拥有很多在一起的时间；公平，公正公平，不要利用和剥削伴侣；保持浪漫，拒绝平庸。那么，在上述的因素中哪些是最重要的呢？下面这三点，在夫妻关系的维持和修复方面，最为重要。

### （一）保持忠诚

忠诚于伴侣关系的人，在认识自己、伴侣以及亲密关系的方式上，都有助于维系伴侣关系，其行为方式能避免或消除冲突，充实亲密关系。

从认知上看，首先，忠诚于伴侣关系的人不再把自己视为单独的个体，也不把伴侣视为外人，有明确的伴侣双方一体的感觉，把自己和爱人视为一个彼此融合的整体，认识到爱人的生活和自己的生活有着很大的重叠，会把彼此放入自己的潜意识，很自然地使用关于两个人的复数称谓，如我们、我们的。这会让夫妻间产生认知上的依赖，彼此的联系程度加强。其次，夫妻在看待彼此时会带有明显的积极错觉，将彼此理想化，用一种美好的眼光来看待对方，肯定对方做的事，接纳对方的失误或者过失，宽容而不计较一时得失。最后，忠诚的伴侣往往对其他异性更少关注，认为自己的亲密关系比大部分人都要好，具有一种感知到的优越感，使得伴侣关系更特殊，更有可能持续下去。

从行为上看，忠诚的伴侣之间会表现出更多的牺牲行为和自控行为，会有更多的行为上的改变。

牺牲行为：忠诚的伴侣更愿意为亲密关系做让步甚至个人牺牲，比如妥协、做自己不喜欢甚至不愿意的事情、节制自己的欲望。为了核心家庭的利益，忠诚的伴侣不仅可以做出经济上的付出，也可以做出学业甚至个人发展方面的付出，从而增强彼此的联结感。

自控行为：忠诚的伴侣之间为了照顾对方的感受、满足对方的需要而去克制自己的冲动，会更多地换位思考，付诸行动的行为少，避免挑衅性行为的发生，并做出建设性行为。

改变行为：在这种良好的关系中，伴侣之间彼此认同，会潜移默化地发生改变，比如伴侣之间的生活习惯、长相会越来越相似，彼此的接纳度高，并内化为自己的一部分，这种互相塑造的现象被称为"米开朗基罗现象"。忠诚的伴侣彼此支持，是核心家庭健康发展的基石。

## （二）保持满足

在婚姻中，由衷地向对方表达欣赏和感激，是幸福婚姻的密码。如果分步来看，可以分为以下三步。首先，欣赏伴侣，从日常生活的点点滴滴发现伴侣的优点、为家庭的付出、感动的瞬间等，体会这些为家庭带来的益处。其次，向伴侣表达感激，不论是从语言上，还是从行动上，能够让伴侣知道自己的所作所为都已经被看见、被肯定、被尊重；这种感激可以是很正式的，也可以是非正式的，重要的是能够表达并能够让对方接收到。最后，重复以上两步，这个过程就是一个不断循环的过程，周而复始，不断重复。在亲密关系中，把伴侣的付出认为理所当然，这是一个危险的想法，因为这在一定程度上抹杀了对方的价值。在生活中关注伴侣为家庭所付出的关爱、仁慈和慷慨，并能够分享给对方，让对方从这种分享中感到巨大的认可和关爱，感到幸福，从而促进亲密关系的发展。

具体而言，在亲密关系的保持和建设过程中，可以从以下方面着手来进行建设：在亲密关系中培养积极性、保持礼貌和欢欣，坚持积极乐观，尝试使亲密交往令人愉快；鼓励开放，鼓励对方向自己表露想法和情感，寻找讨论亲密关系的机会；给予对方保证，强调对对方的承诺，暗示亲密关系有着美好的未来；共有社交圈，关注伴侣双方共同的朋友和社会关系，表示自己愿意与其朋友或家人一起做事；公平地分担需要完成的任务，在必须完成的任务中分担属于自己的那部分；花时间与对方待在一起，与对方一起进行日常的活动；彼此支持，寻求对方的建议，日子艰难时安慰对方；管理冲突，当自己犯错时会向对方道歉，对对方有耐心并谅解对方；避免讨论某些话题，尊重彼此的隐私和独处的需要；具有幽默的能力，会和对方做一些小恶作剧。在以上这些活动中，保持积极性、保证和分担任务能够对幸福婚姻有预测作用，如做自己公平分担的家务、保持愉快的情绪、定期向伴侣表达尊重和爱意。

## （三）积极主动修复

没有完美的亲密关系，完美的亲密关系是一个目标，是一个建设的过程，因此在任何一个亲密关系中或多或少都会出现问题。有研究表明，夫妻间积极行为和消极行为的比例为 5:1 时，双方的关系会很稳定；积极行为和消极行为的比例为 0.8 : 1 的夫妻，其关系不稳定，分手的可能性很大。因此在夫妻关系中，夫妻双方都要有自我觉察意识，对于夫妻关系有一个中肯的判断，并适时建设夫妻关系。当发现夫妻关系出现问题后，越早进行调整和改变，越有益于夫妻关系向好的方向发展。对于个人而言，当意识到夫妻关系出现问题后，如果想修复关系，就可以通过各种方式来觉察并做出自我改变。

要做出改变，就要学习尝试去了解自我，因此学习是一个非常好的自我了解、自我探索的方式。首先，可以通过自学来获得帮助。目前，获得心理知识和帮助的途径非常多，如图书、杂志、电视节目、公众号、博客等。亲密关系中的自我了解和改善是一个大的工程，因此，需要付出一定的时间和精力，善于学习和使用对自己有效的知识和方法来做自我的成长和改变。其次，可以通过课程学习。比如，因为网络的高速发展，国内外有很多的心理学教师通过网上授课；有很多网络平台推出心理学课程、讲座甚至活动，给人们进行自我了解和探索提供了极大的便利。因此，只要一个人希望自己改变，就能够得到资源，并能够自我帮助。最后，也可以寻求咨询帮助。近年来，心理咨询在国内有了很大的发展，不论是通过见面咨询还是网络咨询、不论是个体咨询还是团体辅导，都能够在与一个人、一群人的互动中，逐步了解自己，探索自我状态，对未来的发展方向进行讨论和尝试。

## 二、亲子关系建设

作为父母，对于孩子的成长投注了自己很多的心血，要根据孩子的特点因材施教，给孩子创造一个良好的生长环境，为孩子的自主发展提供支持的同时，还要能够有适度的指导，让孩子在一个适度的空间内健康成长。

### （一）探索教养方式

龙生九子，各有不同。每个孩子都有自己的特点，如果是多子女家庭，父母就更能体会到子女性格特点的不同。因此，每个父母在与孩子互动中都需要沉下心来，对自己的言行有所觉察和了解，留意自己对孩子提出的要求、自己对孩子的期待以及对孩子的指导方式，尝试了解自己与孩子的相处模式，觉察自己对待孩子的教养方式。如果发现孩子过于懂事乖巧、过于调皮、情绪易于起伏不定等情况，就需要审视一下自己在对待孩子的方式上是否存在明显的不恰当之处，要能够及时反思、调整甚至改正。

专制型的家长，需要对孩子减少限制，能够倾听孩子的想法，让孩子有表达自己的机会，避免条条框框对孩子自我发展的束缚；在孩子犯了错误之后，要能够倾听孩子的感受和想法，慎用惩罚，对自己的权威状态有所觉察，具有一定的去权威化意识。放任型的家长，需要意识到家庭教育对孩子的重要性，关注孩子，留意孩子的变化，在给予孩子情感支持的同时，给予孩子适当的限制，能够对孩子的不当行为进行约束。溺爱型的家长更需要控制自己的保护欲，要认识到过度保护对孩子发展的消极影响，收敛自己的"爱心"，给孩子适当空间去学习和成长，让其逐步在探索中独立，提高孩子自己面对问题和解决问题的能力。在孩子成长的过程中，家长要学习采用权威性的教养方式与孩子相处，多鼓励孩子，多与孩子沟通，让孩子有自主探索的能力；同时也能够适时给予孩子指导，明确孩子做事的原则和界限，让孩子具有一定的规则意识；让孩子在主动探索和适度挫折的过程中成长，逐步明确自我意识，锚定自我的发展方向。

### （二）合理对孩子的期待

未完成事件，顾名思义，是指那些没有完成的事件。那些没有完成的事件从来不会消失，它们会在潜意识中徘徊，在不知不觉中进入现实生活，对现实生活产生影响。每个父母都对自己的孩子充满了期待，这是一种爱的表达和传递。身为父母，要能够觉察在自己对孩子的期待中，是否有自己曾经未完成事件的影子，以期待的形式表现出来，无形中变成了对孩子的要求。如果这样的期待是适度的，会让孩子感觉到爱、支持、信任，是一件愉快的事情；如果这样的期待超出了孩子的能力，或者与孩子自己的兴趣、爱好甚至发展方向不相符，这就会对孩子造成限制甚至束缚，会引发亲子冲突，很多时候孩子会在冲突中妥协，因此间接或直接抹杀了孩子自己的兴趣爱好甚至未来发展的方向。在对待孩子时，要能够去探索孩子的感受和想法，尊重孩子的想法，理解孩子对于自我成长的渴望，给孩子营造一个自我发展的空间，让孩子成为他自己希望成为的人，而不是父母希望成为的人。

在孩子发展的过程中，如何判断父母的期待对孩子产生了不良的甚至是严重的影响呢？这就需要父母能够在对孩子的教养过程中，去感受孩子的情绪状态。情绪对于人心理健康的重要性，犹如体温对人的生理健康的重要性，能够有效预测人的心理健康的状态。如果在做出选择时，孩子是快乐、积极、愉悦的，这种发自内心的美好感觉往往是和自己真实的需要紧密联系的；如果孩子是压抑、隐忍、愤怒、无奈甚至是悲伤痛苦的，那么这种选择有可能并不是孩子发自内心的真实选择，有可能是迫于压力下的选择。因此，父母就需要调整自己的言行态度，去与孩子的状态调谐共振。

### （三）学会因材施教

父母对孩子的期待，在智力上最容易表现出来。通常人们理解的智力更多的是和学业成绩相关，但是近年来，心理学家提出了关于智力的新观点和新理论。

美国心理学家霍华德·加德纳在1983年出版的《智力的结构》中提出了多元智力理论，他认为智力的基本性质是多元的，各种能力不是以整合的形式存在，而是以相对独立的形式存在，因此智力可以分为言语—语言智力、音乐—节奏智力、逻辑—数理智力、视觉—空间智力、身体—动觉智力、自知—自省智力和交往—交流智力。每个人都在不同程度上拥有上述七种智力，智力之间的不同组合表现出个体间的智力差异。因此，每个孩子在不同智力维度上的发展是不同的，和父母的期待有可能相同，也有可能不同，这就需要父母能够善于发掘孩子的优势智力，接受孩子的状态，创造条件，促进孩子的智力发展。

在非智力因素上，父母接受孩子的不同，根据孩子的特点进行教育和指导。一个孩子的发展，不仅和智力因素有关，也与非智力因素有关。常言道，知之者不如好之者，好之者不如乐之者，其中的"乐"字，就与非智力因素密切相关。非智力因素包括需要、兴趣、动机、情感、意志、性格等方面，孩子在上述方面的特点确实会影响家长的教养方式，因此父母要根据孩子的特点进行教育。比如要培养孩子良好的学习生活习惯，在激发孩子阅读兴趣和求知欲望的同时，也要让孩子养成一定的运动习惯，能够动静结合，劳逸结合；对于好动的孩子，父母在合理满足其运动需求的基础上，引导孩子能够安静下来，培养专注做事的能力和坚持性；对于适应能力差的孩子，父母要耐心指导，在孩子受挫时给予支持、鼓励和陪伴，给予其足够的时间帮助其探索适应，培养孩子的受挫能力和灵活性；对于注意力容易分散的孩子，家长要有意识地培养孩子专注做事的能力，积极创造情景，减少或者避免分心干扰，帮助孩子养成专注习惯，激发孩子的信心。在培养孩子的过程中，家长要能够客观地看待孩子的状态，合理审视自己对待孩子的期待，能够觉察自己的情绪状态，避免自己受负面情绪的影响，坚持尊重孩子、实施有限的控制，积极持续地觉察自己的教养方式，持续采用权威型的教养态度，促进孩子健康发展。

## 三、原生家庭关系建设

从系统论的视角来看，家庭是一个系统，每个人都是系统中的一员，都受到家庭系统的影响。

### （一）觉察代际传递

代际传递，是指上一代的心理特征或相关能力和行为传递给下一代的社会现象。代际传递现象在家庭中会潜移默化地发生，比如儿童会模仿自己父母的行为和行为结果。大量的研究表明，教育成就、价值观、焦虑以及前文所讲的教养方式等，都具有代际传递的效应，其中有对人发展有益的部分，如良好家风的代际传递；也有阻碍人发展的部分，如创伤的代际传递。心理学界目前有一个普遍认知，创伤性事件或者创伤经历的影响并不会终止于亲身经历创伤性事件的当事人，在当事人与"重要他人"再次处于同样或类似的环境中时，经历创伤事件的当事人会将自己的创伤经历传递给他人。

觉察代际传递对自己的影响，并不是一件容易的事情。因此，每个人都需要在自我成长的过程中，不断地进行自我觉察和探索，思考人生中的"哲学三问"：我是谁？我从哪里来？我要到哪里去？具体而言，就是在每个人的成长过程中，要思考自己是怎样的人？自己的父母对自己有怎样的影响？自己的父母是如何被代际传递影响的？自己的核心家庭是怎样的状态？自己对孩子有怎样的影响？自己的家庭角色功能是怎样的？当一个人有意识地去了解自己的父母、长辈以及自己家族的历史和事件时，就可以尝试去理解父母性格特点的形成原因和这些特质对自己的影响，以及自己的状态对于配偶和孩子的影响。在代际传递的视角中，每个人要尝试理解自己与自己、自己与父母、自己与爱人、自己与孩子之间的关系，能够从一个更广阔的视角来看待自己和他人，以帮助自己和家庭更好地发展。

### （二）处理好与父母的关系

在家庭中，每个人都在以自己独特的方式爱着自己的父母。在本书的前文提到，每个人分离—个体化的程度不同，与父母相处的方式不同，在核心家庭与原生家庭发生冲突时所采取的处理方式也不同。因此，处理好与父母的关系是每个成年人都要面对的重要问题。

很多人都有小时候的不愉快甚至痛苦的记忆，感觉父母对自己的爱是有条件的，给自己造成了阴影甚至伤害，尽管自己努力在向着父母期望的样子生长，但是有很多地方没有满足父母的期待。当成年甚至身为父母之后，很多人就会发现原来父母也有他们自己的限制，就如同上面代际传递的理论所说，大部分的父母仅仅是因为个人成长环境所限，没能学会更健康合适的爱的表达方式，但在能力范围之内，他们已经给予了自己力所能及的爱。每一个成人要学会逐步接纳一个现实，就是父母爱自己的方式是他们能够做到的最好的方式，但也许不是子女期待的方式。当一个人能有如此的理解时，就能够在情感上对父母有更多的理解和接纳。

在有些家庭里，家庭的边界不甚清晰，尤其是多子女家庭更容易出现这种状况。家庭边界不清晰，父母对子女就会有超越边界的期待甚至行动，比如希望子女过度照顾、限制子女的发展、干涉子女的婚姻等，因此当子女表现出高度分离的个性化的状态或者维护自己核心家庭的利益时，就会诱发父母的情绪甚至是对子女的攻击。在这种情况下，子女要能够厘清自己的情绪，尝试界定家庭边界，作为子女，要允许和接纳父母可能出现的各种情绪，温柔地唤醒父母的边界意识，并帮助他们理解自己的情绪，为自己的情绪负责，逐步清晰自己与子女的界限，同步实现自我成长。作为子女，要认识到，让父母改变并不是一件容易的事情，需要一个过程，当自己作为家庭一员已经做好改变准备时，父母的改变也就随之发生了。

## 四、自我建设

作为成年人，在家庭中承担了父母、子女、兄弟姐妹等各种角色，同时作为一个社会人，也要承担多种社会角色，完成社会赋予自己的多种任务。因此，每个人时刻都在接受生活的磨砺和挑战，为了更好地承担各种角色，就要加强自身建设，促进自我成长，这样才能更好地完成自己的角色任务。

### （一）自我接纳

每个人都对自己有期待，这个期待是自己的理想，是对自己的"人设"，往往包括自己的外貌、工作、家庭、孩子、社会地位、兴趣爱好等。在个人的努力中，很多期待实现了、完成了，成为成长中的一级台阶；很多期待遭受挫折，成为一个没有实现的目标，甚至是成长经历中的一个挫折；还有很多期待仍停留在内心，还没有机会去实现。因此，期待可以分为已完成的和未完成的，可能的和不可能的，成功的和失败的，现实的和非现实的。如何对待这纷繁复杂的自我期待呢？这就需要每个人能够去探索自我，逐步实现自我接纳。

自我接纳是指一个人对自我及其一切特征采取的一种积极的态度，通俗地讲，就是一个人能欣然接受现实自我的一种态度，既不对自己的优点和长处妄自尊大，也不对自己的缺点和不足妄自菲薄，既能够确认和悦纳自己身体、能力和性格等方面的正面价值，不因自身的优点、特长和成绩而骄傲，也能欣然正视和接受自己现实的一切，不因存在的某种缺点、失误而自卑。自我接纳是把自己当作一个正常的、普通的人来看待，既没有把自己神化，也不把自己妖魔化，而是把自己正常化。自我接纳是一个人心理健康的重要指标。那么，如何做到自我接纳？

要能够进行自我探索，了解自己的自尊水平。自我接纳与一个人的自尊紧密相关，自我接纳程度高的人自尊水平相对较高，自尊的需要在现实生活中得到满足，将会使人感到自信，体验到自我价值，从而产生积极的自我肯定；自我接纳程度低的人，其自尊水平相对较低，在生活中会受到父母等重要他人的高要求、批评甚至指责，自尊的需要在现实生活中没有得到很好的满足，自我价值感低。了解自己的自尊水平，并尝试理解自己所具有的自尊水平带给自己的感受，并去处理和表达这些感受。

学会在比较中接纳自己。一个人之所以对自己不接纳，是因为缺少正确的比较。当一个人固步自封在自己的世界里，会夸大自己的缺点、不足和痛苦，认为他人的生活状态是好的、完美的、幸福的。当一个人能够走出自己的世界，以一种开放的态度去探索他人的感受和生活，在一个更大的范围内进行群体比较时，就会发现其他人也有着这样或那样的困扰和问题，自己的问题其他人也具有，甚至是一个普遍现象，这样，一个人的自卑感就会降低。同样，如果一个人能让自己的视野更开阔，在不同的文化背景下审视自己的状态时，这种文化比较也能够让人提升自我接纳的程度。

### （二）自我实现

对于孩子而言，父母是自己最好的榜样，父母能够做到自我关爱、自我照顾、自我满足，就能够让孩子也习得类似的价值观念，因此每个父母给孩子最好的教育，就是能够在工作生活中自我成长、自我实现。

从理论上看，马斯洛需要层次理论清晰地指出，一个人要能够满足自己的生理需求和安全需求，因为这两种需求属于低级需求，如果没有被满足，高级需求的产生就会受到影响。在一定程度上，生理需求和安全需求是人作为动物的本能需求。之后是社交的需求和尊重的需求，这两种需求代表的是一个人社会属性的部分，是能够在社会关系中被看到、被需要、被满足的状态，是一个人通过社会比较来衡量自己在群体中的位置。最高级的需要是自我实现的需要，代表一个人的最高精神需求，是一个人在工作学习和生活的理想状态的达成程度。

具体而言，作为成年人要能够做好自己的事情，让不同层次的需求得到不同程度的满足，在满足自己基本需求的基础上去逐步实现高级需求的满足，为孩子提供良好的示范。对于基本需求而言，每个人需要有一份安身立命的工作，让自己的衣食住行得到基本保障，衣食足而无后顾之忧，给孩子提供稳定的保障。从社会性需求来看，要对自己的工作生活保持热爱之心，有自己的追求和理想，能够用理想点燃自己的生活，无形中让孩子学习去追逐自己的理想；要养成良好的阅读习惯，能够从书本中获得营养，提升自己的精神世界，让图书成为自己生活的一部分，拓展获得知识的能力；养成良好的行为习惯，身教重于言教，用自己的一言一行影响孩子形成良好习惯，让好习惯成为孩子的潜意识；热爱自己的职业，用心工作，通过工作让自己过一种有尊严的生活，让孩子能够体会付出和得到之间的关系，树立良好的职业观念；处理好家庭关系，与爱人、父母等和谐相处，既能够解决冲突，又能够共享成长，彼此互助润泽。父母对于孩子而言，做好自己的事情，为孩子的成长提供最强大的支撑。做父母最好的样子，就是成为一个人应该成为的样子。

### （三）建构社会支持系统

一个人良好的发展，不仅来自自己的努力，也来自外界的支持，因此每个人在修炼内功的同时，也要加强社会支持系统的建设，为自己的发展助力。

社会支持系统，是个人在自己的社会关系网络中所能获得的、来自他人的物质和精神上的帮助和支援。社会支持系统对一个人的身心健康有显著的影响。当一个人处于压力甚至应激状态时，会产生紧张、焦虑、抑郁、心情低落等情绪状态，也会降低学习工作效率，严重的压力还会让人的社会功能严重受损，甚至导致危机事件的发生。良好的社会支持系统可以帮助一个人缓解心理压力，释放不良情绪，增进心理健康；可以满足一个人的社会需求，让自己的状态被看到、被理解、被肯定和被支持，能够在群体中感受到联结，让自己不再孤独；可以让人从他人处得到经验，建立合理的评价体系，促进自我了解和成长；可以帮助人渡过危机时刻，给人以调整和休养生息的机会。一个人所拥有的社会支持网络越强大，就越能够更好地应对各种来自环境的挑战。

每个人的支持系统要如何建构呢？首先，要有一个自我接纳的态度。向外界寻求支持，并不是一件容易的事情，因为向外界寻求支持在一定程度上代表自己存在限制和不足，要在理性上承认自己的局限性，这会引发人的自卑感。只有一个人能够接纳自我，能够处理好自卑与自尊的关系，具有灵活处理问题的意识，才能够更好地向外寻求帮助。其次，支持系统的建设重在平时。在日常的工作生活中，能够用一种"无条件的爱"的模式与周围的人互动，主动与人交往，积极合作，帮助他人，与人形成合作互助的良好关系，被人认可和接纳，在遇到困难的时候才能更顺畅地向人求助。再次，建构支持系统也要加强自身建设。打铁还需自身硬，加强自身建设，积极寻求解决问题的办法，提高自己解决问题的能力，同时也能够给周围的人形成良好的印象和积极评价，在遇到问题时能够让人理解为"遇到了问题不能解决"而不是"习惯性地依赖他人"，愿意伸出援助之手。最后，拓展自己的生活空间，人际交往多样化。在向他人寻求支持和帮助时，很多时候，不同的人能够给予的帮助是不同的，有情感上的理解和陪伴，有经济上的解囊相助，有资源上的分享支持，也有观念上的拓展创新。每个人能够提供的支持不同，这就需要在平时能够和不同性别、年龄、性格、知识结构、工作领域的人交往，构建一个立体的人际交往网络，从而让自己能够从多渠道得到支持。

## 五、自我心理保健

在工作和生活中，每个人都会遇到各种各样的困惑和问题，小到情感挫折、人际矛盾、环境不适、升职受挫，大到情绪障碍、人格问题、心理疾病甚至自伤自杀。上述这些问题的解决有一种方法，就是寻求心理服务。能够面对自己的问题并寻求心理服务，是一个人内心强大的表现。很多时候，那些自认为自己心理健康的人不是真正的心理健康者，而心理健康者正是那些敢于面对自己心理问题的人。在成长的道路上，正视自己的问题并寻求心理服务比回避或否认更有力量。寻求心理咨询服务，是让专业心理工作者运用心理学的知识和技术帮助自己解决心理问题，提升个人的获得感、幸福感和安全感，培育积极向上的良好心态。随着社会的发展，人们对心理咨询的接纳程度越来越高，也越来越认识到心理健康对一个人发展的重要性。作为父母，在注重孩子的心理健康状况的同时，也要注重自己的心理健康状况。

### （一）寻求心理咨询的时刻

什么时候寻求心理咨询服务呢？寻求心理咨询服务的时机因人而异，只要是自己内心有需要，都可以寻求心理咨询服务，助力自我成长。通常，如果一个人有以下的感受或者表现，就可以寻求心理咨询服务了。

当一个人在言语和行为上有以下表现时，需要进行心理咨询。这些言语和行为主要包括：有直接且严重的现实困难如严重的工作压力、经济压力；愤怒或敌对的情绪；叫喊或者攻击性评论；表现得异常退缩或者活跃；表现出没有希望或者没有价值感；时常哭泣或者泪水盈眶；极度焦虑或者烦躁；过度要求或依赖；震惊、坐立不安或者走来走去。

作为一个旁观者，如果观察到自己的伴侣有以下表现，推荐其接受心理咨询。具体的言语和行为包括：外貌或者个人卫生状况下降；经常表现得不耐烦、疲惫或者睡觉；有明显的割伤、瘀伤或烧伤痕迹；有长期或者慢性疾病；在表达上表现出语无伦次、口齿不清；有极度混乱或古怪的行为表现；无法与人进行眼神交流等。

当一个人有以下言语和行为时，建议到专业的医疗机构就诊，听听专业人员的建议。具体的内容包括：有明确的自杀意图、计划或者获取完成自杀计划所需的致命手段；写下或谈及绝望、自杀或者死亡；极度绝望、抑郁、孤立并且退缩；表示"将要离开很长时间"；将珍贵的物品赠予他人；对自身、他人、动物或者事物进行攻击；脱离现实，表现出精神错乱；表现出颠覆性行为；更多地使用药物或酒精；对娱乐活动失去兴趣；持续的抑郁情绪之后突然情绪高涨；明显的冲动行为；对未来感到悲观。

### （二）个体心理咨询

每个人在成长过程中碰到困惑和问题，也可以通过寻求心理咨询来获得解决。每个人在生活中都会遇到各种情况，导致自己出现心理问题，比如情绪的低落、睡眠问题、精神紧张焦虑等，人们常把出现心理问题比喻成"精神感冒"，人人都会遇到，在有效的支持和帮助下，应该尽快缓解或者解决。能够主动寻求心理帮助，是强者的行为，是爱自己和对自己负责的表现。

如何找到一名专业的咨询师？首先，要看咨询师的专业受教育背景，比如学历背景，专业背景在一定程度上代表了一个人的受训专业程度。第二，要看咨询师的受训背景。受训背景就是一个人在接受学历教育之外所进行的学习，主要是在知识、技能和态度方面的学习，如接受系统连续训练项目、在更高级的咨询师督导下做咨询个案的实践、自己作为来访者接受心理咨询的个人体验等信息，这样可以了解到这个咨询师有专业的成长足迹。第三，要感受咨询师与自己工作时的感受。作为来访者，你在咨询中的感受是非常重要的因素，可以决定你是否留在咨询里。比如咨询时你是否能够被很好理解、咨询师的状态是否稳定、咨询工作是否有一个清晰的工作框架、咨询师是否对你的问题有一个全面而深刻的理解等。第四，是否能够感觉到成长。心理咨询可以说是一件痛苦的事情，因为在咨询中要面对曾经经历过的困难和创伤，旧有的心理模式会被打破，之后要去建立新的、适应的心理模式，这就像小孩子学走路一样会跌跌撞撞，甚至会头破血流。这个过程虽然艰难，但是如果你能够感受到自己发生了改变和成长，那么咨询工作就可以继续下去。

目前，心理咨询的理论主要分为精神分析流派、认知行为流派、人本主义流派和家庭治疗流派，尽管流派不同，但是有研究表明，在不同流派的心理咨询工作中，起效的共同因素是咨询师个人因素，包括咨询师的言语流畅性、温暖和共情、情绪表达、说服力、希望感、建立治疗联盟的能力、专业的自我觉察等，这些因素通过三条路径达成咨询效果：（1）帮助来访者和咨询师建立真实的人际关系；（2）帮助来访者相信咨询师对来访者问题的解释并让来访者形成期待；（3）帮助来访者愿意去做一些有利于健康的行动。因此，不论是哪个理论取向的心理咨询师，都能够帮助到来访者。

## （三）婚姻治疗

当婚姻中出现重大问题时，如果一方的改变不能有明显的效果，而且夫妻双方都有一定的想要修复夫妻关系的愿望，就需要双方共同努力。如果需要深入的关系调节，往往需要进入专业的咨询工作，由心理咨询师与夫妻双方共同工作。

在咨询过程中，具有不同咨询理论取向的咨询师所使用的咨询方法是不同的，这些不同主要表现在以下方面：咨询中咨询的聚焦点不同，不同理论指导下的咨询方法是不同的，如侧重问题、行为、思维还是情感；咨询中注重的是个人问题还是关系问题，如聚焦在婚姻问题源于个人的易受伤害性还是夫妻之间的交往；咨询方法强调婚姻问题的根源，是以往的事件还是当前的困境。尽管咨询师使用的方法不同，但是只要当事人能够投入咨询中，都能够得到一定的帮助，都能够有所成长。

在婚姻治疗中，经常被使用的方法有行为的方法、以情绪为中心的疗法和以领悟为导向的疗法。行为的方法主要聚焦于现实问题以及现实问题的改变，主要给夫妻们传授沟通技能以及帮助他们表达关爱，冷静地处理冲突，并特别鼓励他们尝试做那些对伴侣有益或取悦伴侣的事情。情绪中心的疗法主要聚焦在情绪上，通过对情绪的觉察、表达和改变，重新建立夫妻交往的理想模式，关注伴侣们在试图满足依恋需要时体验到的情绪，认为人们需要情绪安全，并会向他们的配偶寻求情绪安全，如果伴侣一方不能有效地给予和接纳，并且伴随对方以负面方式做回应，沮丧和苦恼就会应运而生。情绪中心的治疗要帮助伴侣识别不良的情绪互动模式，之后通过改变来探索新的模式并重新交往，从而使伴侣们能够安心爱恋，彼此能安全的交往。领悟导向的治疗，通常是让伴侣们意识到自己背负着过去关系如原生家庭关系中留下的无意识伤害和创伤，这会影响当前的伴侣关系，因此帮助伴侣们提高对这些问题的洞察力，帮助人们理解自己在过去的关系中形成的关系模式和观念是如何影响了自己现在的伴侣关系并带来了不良影响。通常咨询都会强调几点：伴侣们在选择配偶和对待伴侣的方式，常常感受到自己隐藏的紧张和未满足的需要的影响；像这样的无意识冲突，不是来自个体成长家庭中的事件，就是来自先前爱情关系中的事件；咨询的主要目标是使伴侣们获得对自己无意识冲突的顿悟，理解为什么自己以现有的方式来感受和如此行动，他们才有自由选择不同的感受和行动。

婚姻治疗会对大多数参与者有效，有效的程度可能取决于个体参与治疗的诚意、努力的程度以及继续过程。婚姻治疗中大部分的夫妻是能够得到帮助的。对于举步维艰的亲密关系，治疗是可行的。通常而言，咨询会帮助夫妻们加强彼此间的建设性联系，改进彼此间的交往模式。

# 参考文献

［1］爱丽丝·米勒. 与原生家庭和解［M］. 北京：中国友谊出版公司，2018.

［2］罗伯特·J. 斯腾伯格，凯琳·斯腾伯格. 爱情心理学［M］. 北京：中国出版集团，2016.

［3］莎伦·布雷姆. 爱情心理学［M］. 北京：人民邮电出版社，2010.

［4］珍妮特·S. 海德，约翰·D. 德拉马特. 人类的性存在［M］. 上海：上海社会科学院出版社，2005.

［5］博斯克. 主体间性心理治疗——当代精神分析的新成就［M］. 北京：中国轻工业出版社，2014.

［6］埃什尔曼，布拉克罗夫特. 心理学：关于家庭（第12版）［M］. 上海：上海人民出版社，2012.

［7］威廉. 心理治疗中的依恋［M］. 北京：中国轻工业出版社，2014.

［8］西格曼·瑞德尔. 温尼科特过渡客体理论的发展线索［M］. 北京：北京师范大学出版社，2019.

［9］菲利普·津巴多，罗伯特·约翰逊. 津巴多普通心理学［M］. 北京：北京联合出版有限公司，2017.

［10］J·布莱克曼. 心灵的面具：101种防御机制［M］. 上海：华东师范大学出版社，2020.

［11］南希·麦克威廉斯. 精神分析诊断：理解人格结构［M］. 北京：中国轻工业出版社，2015.

［12］李彩娜，赵然. 家庭治疗［M］. 北京：中国轻工业出版社，2009.

［13］王继堃. 无论走得多远，家庭总是如影随形［M］. 上海：华东师范大学出版社，2019.

［14］戴维·巴斯. 进化心理学（第4版）［M］. 北京：商务印书馆，2015.

［15］车文博．走向生命的巅峰——马斯洛的人本心理学［M］．武汉：湖北教育出版社，1999．

［16］沈家宏．原生家庭：影响人一生的心理动力［M］．北京：中国人民大学出版社，2018．

［17］边玉芳．读懂孩子：心理学家实用教子宝典［M］．北京：北京师范大学出版社，2014．

［18］唐纳德·温尼科特．成熟过程与促进性环境：情绪发展理论的研究［M］．上海：华东师范大学出版社，2017．

［19］罗兰·米勒．亲密关系（第6版）［M］．北京：人民邮电出版社，2015．

［20］林昆辉．家庭心理学［M］．北京：电子工业出版社，2014．

［21］DK出版社．爱情心理学百科［M］．北京：电子工业出版社，2016．

［22］方刚．多元的性别［M］．济南：山东人民出版社，2012．

［23］斯蒂芬·A. 米切尔，玛格丽特·J. 布莱克．弗洛伊德及其后继者——现代精神分析思想史［M］．北京：商务印书馆，2015．

［24］易春丽，钱铭怡，章晓云．Bowen系统家庭的理论及治疗要点简介［J］．中国心理卫生杂志：2004，18（1）：53－55．

［25］王娜娜，汪新建．Bowen家庭治疗模式评析［J］．医学与哲学：2005，26（8）：61－63．

［26］王树青，朱新筱，张粤萍．青年自我同一性研究综述［J］．山东师范大学学报（人文社会科学版），2004，49（3）：29－32．

［27］王晶瑶．心智化：概念及其评估方法［J］．国际精神病学杂志，2017，44（2）：214－218．

［28］赵郝锐，童辉杰．原生家庭的代际影响［J］．北方民族大学学报（哲学社会科学版），2015，3：126－128．

［29］郗浩丽．温尼科特过渡客体理论的发展线索［J］．南京师范大学学报（社会科学版），2017，3：097－103．

［30］郗浩丽．温尼科特的儿童精神分析学评介［J］．南京师范大学学报（社会科学版），2006，9：92－97．

［31］郗浩丽．儿童心理发展中的"过渡客体"［J］．教育学术月刊，2008，5：6－8．

［32］叶浩生．论班图拉观察学习理论的特征及其历史地位［J］．心理学报，1994，26（2）：201－20．

［33］杨天舒，陆桂芝．关于分离—个体化及其重要性的探讨［J］．黑龙江教育学院学报，2014，33（1）：95－97．

［34］杨涵舒，程文红，肖泽萍．父母教养方式的代际传递特点及成因［J］．中国学校

卫生，2019，40（10）：1593－1596.

［35］杨宁. 儿童游戏：行为种系发生与个体发生之间的桥梁［J］. 学前教育研究，2010，11：3－11.

［36］魏晓娟，姬彦红. 全纳教育背景下的儿童性别角色教育［J］. 中国特殊教育，2013，8：21－24.

［37］吴维屏. 性别角色教育相关概念及性别角色发展理论研究综述［J］. 外国中小学教育，2013，12：28－32.

［38］石贤磊. 学前儿童性别角色教育特点研究［J］. 教育理论与实践，2016，36：23－25.

［39］霍力岩. 加德纳的多元智力理论及其主要依据探析［J］. 比较教育研究，2000（3）：38－43.

［40］袁晓娇，蔡蓉，方晓义. 中国夫妻的完美主义及其与婚姻满意度的关系［J］. 中国临床心理学杂志，2010，18（6）：780－782.

［41］林瑶，吴和鸣，施琪嘉. 创伤的代际传递［J］. 心理科学进展，2013，21（9）：1667－1676.

［42］高洁. 以游戏精神观照儿童教育：从意蕴到行动［J］. 湖南师范大学教育科学学报. 2010，9（3）：68－71.

［43］边玉芳. 充分重视家庭对儿童心理发展的重要作用［J］. 北京师范大学学报（社会科学版），2016，5：46－54.

［44］虎金峰. 传统"主客"二元亲子关系的超越与现代"主体间性"亲子关系的建立［J］. 少年儿童研究，2019，6：42－46.

［45］何婵娟. 主体间性家庭教育的转向研究［J］. 云南社会主义学院学报，2014（1）：382－383.

［46］任苇，刘丹. 心智化视角下儿童依恋与家庭教养方式的相关研究［J］. 中国青年政治学院学报，2014，5：29－32.

［47］韩晓峰，郭金山. 论自我同一性概念的整合［J］. 心理学探新，2004，24（3）：7－11.

［48］宫贤平，林向英. 青少年自我同一性干预研究综述［J］. 教育学术月刊，2008（12）：13－14.

# 后　记

　　作为高校专职心理健康教育的一名工作者，我从事心理健康教育工作已经17年了，从一名新手心理咨询师，成长为中国心理学会注册系统的注册督导师。在与学生、来访者、学生的父母和家人一起工作的过程中，我深感家庭对一个人成长的影响，因此一直在思考，如何将所学的心理学理论和实践整合，从家庭的视角来诠释家族、原生家庭、核心家庭对个人成长的影响，让人能够理解自己的"此时样貌"，并能够用一个逐步成长的视角来面对自己的问题、处理自己的个人议题，积极主动地构建自己的未来。这是2017年年初的想法，这个想法逐步成为写作本书的初衷，至今已经3年有余了！念念不忘，必有回响，终于行至今日，终于有了此书付梓。

　　在学习和实践的过程中，我自己对心理学这个学科也存在很多困惑和疑问，比如对于心理学的中国本土化的问题。从日常工作的危机预防与干预实践来看，中国高校大学生的自杀率明显低于美国大学生的自杀率，这在一定程度上受益于中国集体主义的传统文化。但讨论一个孩子发展的时候，在讨论孝道、面子，涉及分离—个体化、真自体和假自体这些理论概念时，中国的传统文化又不能被现有的心理学理论很好地诠释。当然，日常生活中的大量现象，在用不同流派进行解释时结论不同，甚至有时还是互相矛盾的。此书涉及和讨论这些问题时仍存困惑，这也是我在今后的学习工作中需要更多思考和探索的！

　　尽管我从事心理健康教育工作已经17年，但是在学习和工作中越来越能够体会到自己的专业水平有限，知识储备不足，专业视野有待提升，因此，本书中定会存在一些疏漏和不足，恳请同行和师长们不吝赐教，与我联络，以帮助我学习和成长！

　　在本书即将出版之际，感谢北京师范大学的研究生袁漪、聂熙伦、刘思彤为我收集、整理了大量资料，拓展了我的思路，提供了很多新奇的视角以及情感支持；感谢知识产权出版社常玉轩编辑给予的鼓励和支持，他多次与我交流讨论书稿，不辞辛劳，给予了大量的专业建议和指导！

　　感谢我的先生于晓东和儿子于子豪，终日相伴左右，让我深感岁月静好，来日可期！

　　是为后记！

刘海娟

2020 年 8 月 12 日于中国矿业大学（北京）